A tutte le donne della mia famiglia
perché tanto ho imparato da loro

ROSALBA GIOFFRÉ

Vegano italiano

SAPORI VEGANI DELLA NOSTRA TRADIZIONE

oltre 150 ricette

Testi di Rosalba Gioffré

Fotografie di Lorenzo Borri

Progetto grafico, impaginazione e redazione:
Pier Paolo Puxeddu+Francesca Vitale studio associato

Disegni di Pier Paolo Puxeddu

Copertina: © retrostar / Fotolia

www.piattoforte.it
www.giunti.it

© 2015 Giunti Editore S.p.A.
Via Bolognese 165 - 50139 Firenze - Italia
Piazza Virgilio 4 - 20123 Milano - Italia
Prima edizione: ottobre 2015

Ristampa	Anno				
6 5 4 3 2 1 0	2019	2018	2017	2016	2015

MISTO
Carta da fonti gestite
in maniera responsabile
FSC® C023532

FSC
www.fsc.org

Stampato presso Giunti Industrie Grafiche S.p.A. - Stabilimento di Prato

Sommario

UNA CUCINA DI CASA

Ho imparato a cucinare
da mia madre e da mia nonna, nonché
da uno stuolo di zie bravissime a
improvvisare pranzi squisiti con niente

Sono una cuoca vegana d'occasione, ci sono arrivata quasi per caso, senza aver fatto una scelta e forse anche senza vocazione. Ma, come molti di voi di questi tempi, sono molto sensibile e interessata alla cultura vegana e alla questione alimentare che ne deriva.

Ho tanti amici vegani che mi hanno messo la pulce nell'orecchio e poi, facendo volontariato, mi trovo spesso e molto volentieri a cucinare per delle serate vegane, che hanno portato la mia attenzione su questo tema e che mi hanno stimolato a sperimentare una cucina che fosse *cruelty free* e appetitosa.

All'inizio, anche io mi sono lasciata trasportare dalla tendenza del momento e ho cercato di utilizzare tecniche e ingredienti presi in prestito dalla cucina asiatica e fusion. Poi, ho cominciato a chiedermi perché non potevo mettere in pratica la mia cucina di sempre, per quale motivo dovevo prescindere dal mio patrimonio culinario, anche se mi stavo cimentando in un territorio completamente nuovo. Infine, mi sono chiesta che cosa sarebbe successo alla mia cultura gastronomica se fossi diventata vegana e mi sono un po' spaventata.

Sono una donna del Sud. La memoria della mia famiglia passa attraverso il cibo, ogni ricordo è legato a una "mangiata"; si fanno sempre delle grandi tavolate quando ci si vede e si parla immancabilmente di quello che abbiamo mangiato o che mangeremo.

Ho imparato a cucinare da mia madre e da mia nonna, nonché da uno stuolo di zie bravissime a improvvisare pranzi squisiti con niente, anche solo con quelle quattro verdure che trovavano nell'orto. A dire la verità in estate le verdure erano sempre tante, in particolare melanzane e pomodori meravigliosi con i quali preparavano in un attimo piatti semplici ma deliziosi. La carne compariva assai di rado sulla nostra tavola e il burro era considerato come il diavolo; ricordo che mia madre mi mandava a comperarne mezz'etto dal droghiere,

solo quando ci faceva la pasta al burro, che per noi era una cosa molto esotica e golosa. Era quindi da queste basi che dovevo partire: a un certo punto, per le mie cene vegane, ho cominciato a pescare tra i ricordi e tra le ricette di casa ed è stato fantastico, perché ho scoperto di avere un repertorio molto ricco. Posso trarre ispirazione dalle cose che ho imparato a cucinare fin da bambina, ed esercitarmi su infinite variazioni della cucina tradizionale delle mie terre d'origine: la Calabria, dove sono nata, e la Toscana, che è il luogo dove sono cresciuta felice, senza mai sentirmi tuttavia completamente a casa.

Seguendo quest'idea, sono andata a curiosare anche nelle tradizioni di altre regioni d'Italia e ho trovato una grande quantità di ricette già veganissime o veganizzabili con poca fatica. Adesso che mi sono tranquillizzata e ho capito che se voglio seguire una dieta vegana non devo per forza cambiare completamente le mie abitudini ai fornelli, mi viene quasi naturale cucinare senza utilizzare prodotti animali. È una specie di sfida e mi diverto moltissimo; ne ricavo anche grande soddisfazione, perché i miei commensali dimostrano sempre molto entusiasmo per le ricette che propongo.

Quindi, considerate questo libro come un invito a un approccio diverso alla scelta vegana, queste ricette sono solo un esempio. Fate come me. Partite dalla cucina che conoscete meglio e usate gli ingredienti che vi sono familiari. Vedrete quanto sarà facile mettere in tavola cose buonissime e vegane, senza dover fare troppe rinunce.

LA CUCINA CRUELTY FREE È GIÀ SULLE NOSTRE TAVOLE

È vero, l'ho verificato e messo in pratica: si può essere vegani e buongustai. Scegliere di non cibarsi di prodotti animali non significa dover rinunciare completamente alla propria cultura gastronomica familiare e non implica neppure la necessità di adottare ingredienti esotici. L'introduzione di tofu e seitan nella dieta del vegano è dovuta all'esigenza di avere dei sostituti della carne, con un apporto proteico simile, che abbiano una certa consistenza e che siano soddisfacenti sia per la masticazione, sia per la loro capacità di saziare.

L'utilizzo di questi ingredienti può essere molto utile in particolar modo nella fase di passaggio dalla dieta onnivora a quella vegana, quando dover cucinare senza carne, pesce e uova può creare qualche difficoltà, soprattutto per un fatto di abitudine. Ma un consumo esagerato di tofu e di seitan non è assolutamente necessario e può anche essere dannoso.

C'è poi l'opinione ancora abbastanza diffusa che il

Nella tradizione contadina e nella cucina del Sud, spesso i piatti di verdura, soprattutto quelli con le patate, erano serviti come piatto unico

vegano faccia una vita di privazioni: grandi penitenze e cibi orribili. Invece, può essere esattamente il contrario perché il vegano, dovendo valutare attentamente tutto quello che inserisce nella sua dieta, alla fine sceglie con attenzione solo prodotti di prima qualità e quindi mangia meglio di un onnivoro. Non si tratta di rinunce, bensì di sostituire alcuni cibi che non si vogliono più mangiare.

La cosa fondamentale è, prima di tutto, cambiare gli schemi mentali rispetto alla composizione del pasto. La verdura non è più un contorno o un cibo dietetico, ma diventa il piatto forte, quello fondamentale. D'altro canto, a ben vedere, in Italia così è sempre stato: nella tradizione contadina e nella cucina del Sud, spesso i piatti di verdura, soprattutto quelli con le patate, erano serviti come piatto unico che poteva anche essere molto elaborato; e non c'era proprio nient'altro da metterci insieme.

I legumi e i cereali diventano il fulcro della tavola vegana. E consumarli quasi tutti i giorni non è poi così difficile in un paese come il nostro, dove una buona parte delle ricette di cucina tradizionale, soprattutto del Nord, sono proprio a base di legumi e cereali. Ci sono tante paste e fagioli quante sono le regioni italiane, ci sono zuppe di farro e di orzo buone da morire, c'è il cacciucco di ceci, la cecina, creme di fave e altri squisiti legumi da mettere insieme alle verdure. E poi c'è il risotto; oggi molti lo fanno con l'olio e il brodo vegetale – anche non essendo vegani – e si presta a infinite possibilità per creare ricette appetitose, utilizzando le verdure fantastiche dei nostri orti.

La smetto qui, ma potrei continuare all'infinito.

LA RIVOLUZIONE VEGANA

Vegan è il termine coniato da Donald Watson, un artigiano inglese dello Yorkshire, quando insieme a Elsie Shrigley e ad altre quattro persone fondò La Vegan Society, in una domenica di novembre passata all'Attic Club di Holborn, a Londra. Era il 1944.

La parola deriva dall'inglese *vegetarian*, ridotto delle sillabe centrali, a significare la provenienza del nuovo movimento di pensiero dal vegetarianismo, nato a sua volta come associazione nel 1847 e nel quale già da tempo si ragionava sulla sostenibilità, da un punto di vista etico, del consumo di uova e latticini, senza riuscire a prendere una posizione precisa.

Si diventa vegani per questioni etiche, o perché si vuole seguire un'alimentazione sana ed equilibrata o per una scelta ecologista

Vegan, come parola contratta, esprime simbolicamente anche la riduzione della sofferenza sulla specie animale conseguente al non utilizzo dei prodotti da essa derivati. Come lo stesso Watson disse in un'intervista: «La parola vegan fu immediatamente accettata e divenne parte del nostro linguaggio, al punto che oggi è presente in quasi tutti i dizionari nel mondo».

In più di settant'anni di storia, la Vegan Society, che all'inizio aveva venticinque iscritti, si è ingrandita e strutturata e comprende sempre più soci. Numerose altre associazioni sono sorte in tutto il mondo: il messaggio divulgato ha incontrato un terreno fertile ed è trasversale. Sempre più persone diventano vegane e le motivazioni sono molto personali e diverse: si diventa vegani per questioni etiche o perché si vuole seguire un'alimentazione sana ed equilibrata o, ancora, perché l'idea vegana è compatibile con una scelta ecologista e una politica dell'alimentazione più equa e sostenibile.

ESSERE VEGANI

Cito dall'atto costitutivo della Vegan Society, quando fu registrata come istituzione benefica, nel 1979: «Veganismo è un modo di vivere, che cerca di escludere per quanto sia possibile e praticabile tutte le forme di sfruttamento e crudeltà verso gli animali, per cibo, abiti e qualsiasi altro scopo. Per estensione, è lo sviluppo e l'utilizzo di alternative non animali, per il bene degli uomini, degli animali e dell'ambiente».

Quindi, essere vegani è prima di tutto una scelta di vita. L'idea vegana è una visione del mondo che si basa sulla compassione e sulla non violenza estese a tutti gli esseri viventi, e in difesa degli animali come esseri senzienti. L'alimentazione vegana si fonda su una dieta vegetariana e sull'esclusione totale di qualsiasi ingrediente di origine animale, per motivazioni prima di tutto etiche.

Ne consegue anche l'esclusione di alcuni prodotti vegetali la cui produzione ha un costo animale e ambientale inammissibile; si fa sempre l'esempio dell'olio ricavato dalle palme, la cui coltivazione sottrae terreno alle foreste, sterminando animali e violando i diritti delle popolazioni indigene. Ma anche l'allevamento intensivo del bestiame è inammissibile, perché

L'esempio dell'olio ricavato dalle palme: la coltivazione sottrae terreno alle foreste, sterminando animali e violando i diritti delle popolazioni indigene

sottrae la terra alle coltivazioni e produce materiali altamente inquinanti. Niente carne e pesce, ovviamente. E niente latte, né formaggi né uova, e nemmeno il miele e la pappa reale, perché la produzione di questi alimenti implica sempre l'uccisione o comunque lo sfruttamento di animali.

NON È SOLO UNA QUESTIONE DI DIETA

Il vegano non utilizza nessun prodotto che derivi in qualche modo dallo sfruttamento di un animale. Quindi non indossa né lana né seta (solo la mitica e introvabile seta *bourette*, ricavata dai bozzoli raccolti dopo che la farfalla è uscita), men che meno piumini d'oca o pellicce; non porta scarpe o borse di pelle, né compra divani di pelle; non utilizza cosmetici, prodotti per la casa o farmaci che abbiano componenti di origine animale o che siano stati testati su animali, neanche se sono prodotti della cosiddetta medicina naturale, come la propoli. Non mangia tartufi se non conosce chi li ha raccolti, perché il cane addestrato alla ricerca potrebbe aver subito violenze. Dimenticavo: non usa candele di cera, ma solo quelle di paraffina.

È PIÙ FACILE ESSER VEGANI
NEL BACINO DEL MEDITERRANEO

Siamo il paese del sole, dei campi rigogliosi, degli orti sotto casa. La produzione di frutta e verdura fresche è abbondante tutto l'anno

La piramide alimentare della dieta mediterranea coincide in buona parte con quella che potremmo comporre con gli alimenti base della dieta vegana: frutta e verdura fresche prima di tutto, poi legumi e cereali, frutta secca, semi, olio, acqua. Siamo fortunati, diventare vegani vivendo in questa parte di mondo può non essere così complicato, se non in una prima fase di passaggio, in cui per forza è necessario cambiare alcune abitudini consolidate.

Siamo il paese del sole, dei campi rigogliosi, degli orti sotto casa. La produzione di frutta e verdura fresche è abbondante tutto l'anno, tanto che le esportiamo in tutto il mondo. L'offerta di ingredienti del territorio e stagionali in Italia è ricca e molto varia. Pensate alle varie cucine del Sud, così ricche di verdure fantastiche cucinate in tutti i modi; spesso sono grandi ricette, che rappresentano la cultura gastronomica del territorio.

Pensate all'olio d'oliva eccezionale che abbiamo la fortuna di poter consumare cotto o crudo, senza neanche pensarci, tanto siamo abituati ad averlo in cucina. Pensate a quanto è facile nei nostri mercati trovare ingredienti di prima qualità, genuini e appena raccolti poco lontano. Indubbiamente siamo molto avvantaggiati rispetto ad altri paesi dove la carne ha un ruolo di maggior rilievo e le verdure disponibili sono poche e non molto saporite.

UNO STILE DI VITA CHE FA BENE AL CORPO E ALL'AMBIENTE

Come si dice, è tutta salute!

Una dieta a base vegetale, che comprende legumi e cereali integrali, senza prodotti troppo raffinati né additivi chimici o conservanti, se è ben equilibrata – cioè ricca di nutrienti e povera di grassi – è estremamente salutare. Grazie all'elevato consumo di prodotti freschi che favoriscono il naturale benessere del corpo, la dieta vegana è comunemente considerata utile a contrastare l'insorgenza di malattie degenerative e cardiovascolari, causate anche dai grassi saturi presenti nei prodotti animali.

La cosa importante è riuscire a mantenere un buon apporto di proteine, che può essere garantito facilmente da legumi, cereali integrali, frutta secca e semi. Questi ultimi contengono i famosi Omega 3, che non siamo in grado di produrre e che sono essenziali per alcune funzioni fondamentali del nostro organismo. Dunque, ricordatevi di aggiungerli alle vostre insalate o nei cereali che mangiate a colazione; e poi se i semi sono tostati sono davvero squisiti.

Attenzione alla vitamina B12, che è completamente assente nel mondo vegetale e di cui proprio non possiamo fare a meno. Benché il fabbisogno di vitamina B12 sia molto basso, una carenza può effettivamente rappresentare un serio pericolo per l'organismo fino a causare danni al sistema nervoso. Perciò, se smettete di mangiare la carne, i latticini e le uova, chiedete consiglio a un nutrizionista e prendete degli integratori.

Inoltre, se siete vegani la vostra "impronta ecologica" sarà senz'altro inferiore rispetto a quella delle persone onnivore. Abbiamo già detto che gli allevamenti intensivi di bestiame generano un impoverimento complessivo dell'ambiente, danneggiano l'agricoltura e la biodiversità; si impiega una grande quantità di risorse idriche, in più gli animali producono una buona parte di quel gas serra che è causa del riscaldamento globale e un'enorme quantità di sostanze inquinanti. Lo stesso vale per gli allevamenti di pesce, che inquinano i mari con residui tossici e danneggiano l'equilibrio delle specie ittiche presenti. Quindi, non c'è dubbio che se non mangiate la carne e il pesce ostacolate questo modello produttivo e favorite in qualche modo un'inversione di tendenza, verso un sistema più equo e sostenibile.

> La dieta vegana è comunemente considerata utile a contrastare l'insorgenza di malattie degenerative e cardiovascolari

LA DISPENSA VEGANA

Il vegano italiano prima di tutto utilizza sempre gli **ingredienti del territorio**, possibilmente biologici e a chilometro zero. Per addolcire preferisce usare lo **zucchero di canna integrale** o il **malto**, perché può succedere che nella lavorazione dello zucchero siano utilizzati dei derivati animali, per lo sbiancamento. Anche nei lieviti si può trovare uno stabilizzante di origine animale: il vegano compra dunque un lievito certificato, oppure usa il **cremor tartaro**, che si ricava dall'uva, combinato con il bicarbonato. Per addensare o gelificare bavaresi e budini, naturalmente non usa la gelatina animale (quella in fogli, erroneamente detta colla di pesce), ma la polvere di **agar agar**, che si ricava da alcuni tipi di alghe.

Ci sono poi dei prodotti che potremmo definire speciali, che entrano nella dieta del vegano per sostituire e integrare quelli esclusi. Veramente, in alcune ricette di questo libro ho impiegato soltanto il latte vegetale e la **margarina**, ma perché proprio non avevo alternativa. Vi ricordate? La mia idea è che si può cucinare vegano con i prodotti della nostra tradizione. Facciamo comunque un giro veloce tra quelli più importanti, per vedere come utilizzarli.

Latte vegetale

Non ha nessuna delle caratteristiche del latte animale né per il valore nutrizionale né per il gusto. Viene definito latte per convenzione, in quanto ne rappresenta il sostituto gastronomico, ma è più appropriato chiamarlo bevanda. In commercio trovate latte vegetale prodotto industrialmente con diversi cereali, legumi, frutta a guscio. Il più utilizzato è il latte di soia, oltre che per il gusto abbastanza neutro, anche perché la proteina della soia, la lecitina, è un emulsionante e può sostituire in parte l'uovo. Potete anche divertirvi a produrlo in casa: esiste una macchina apposita, altrimenti provate la ricetta che trovate più avanti.

Formaggio vegetale

Si tratta per lo più di creme o composti morbidi, ricavati da frutta secca o legumi, che hanno un utilizzo gastronomico simile a quello dei formaggi a base di latte animale. Esistono anche formaggi vegetali più duri, che si possono tagliare a fette. Si fanno con latte di soia o yogurt e con legumi, combinati con addensanti tipo agar agar, spezie e insaporitori vari.

Lievito alimentare in scaglie

È ricavato dall'essiccazione del lievito di birra. Ha un gusto che ricorda il parmigiano grattugiato e per questo nelle diete vegane è spesso usato come suo sostituto o semplicemente per insaporire pasta, verdure e cereali.

Seitan

Si ricava da un impasto di farina ricca di glutine (tipo manitoba) e acqua, lasciato a bagno per eliminare l'amido, poi fatto bollire chiuso in una garza in un brodo aromatizzato da salsa di soia e alghe. Viene impiegato spesso nelle ricette come sostituto della carne, perché ha una consistenza simile e un buon apporto proteico (ma non può assolutamente essere considerato un'alternativa dal punto di vista nutrizionale). Usatelo, se vi piace, ma con moderazione. È un concentrato di glutine, quindi occhio alle intolleranze.
Lo vendono in panetti: potete tagliarlo a cubetti e saltarlo con le verdure, farci il ragù, le polpette, tagliarlo a fettine sottili e preparare delle scaloppine o anche delle cotolette. Ha un gusto abbastanza caratteristico, ma comunque prende il sapore dei condimenti e degli ingredienti che ci mettete insieme.

Soia e derivati

Bisogna fare un discorso a parte per la soia, visto che spesso è presentata come un ingrediente miracoloso, per le sue proprietà benefiche e protettive contro certe malattie degenerative. Di sicuro è una buona fonte di proteine vegetali e di ferro, ed è sempre presente in qualche modo nelle diete vegane. Tuttavia, studi recenti hanno riportato all'attenzione dei nutrizionisti la presenza di tossine naturali molto dannose per l'organismo, perciò ne sconsigliano caldamente l'uso eccessivo e prolungato. Si possono usare tranquillamente i prodotti derivati dalla soia fermentata (miso, tamari, tempeh), gli altri consumateli senza esagerare, se proprio ne avete voglia. Dalla soia si ricavano anche latte e yogurt che potete anche preparare in casa, vedrete come nelle prossime pagine.
Il tofu si fa con il latte di soia fatto cagliare e pressato, con un procedimento simile a quello della produzione del formaggio. Risulta morbido e setoso, perciò lo potete utilizzare per sostituire il formaggio fresco, per esempio nei ravioli; oppure, scegliendone un tipo più cremoso, per preparare dolci e creme anche salate. Poiché ha un gusto molto delicato, ha bisogno di essere insaporito e vi può essere utile nelle ricette sostanzialmente per la sua consistenza.
Il tempeh si ricava dalla soia gialla fermentata e ha un sapore che ricorda un misto tra noci e funghi. È impiegato tantissimo nella cucina indonesiana e da noi ha avuto molto successo perché ha una buona consistenza e un gusto deciso. Nella cucina vegana è spesso utilizzato per fare il ragù, magari insieme al seitan; potete provare ad aggiungerlo nella ricetta di base che trovate più avanti.

RICETTE DI BASE

Ecco le preparazioni di base utili per realizzare le ricette di questo libro. Ho aggiunto anche due sughi di pomodoro, fondamentali nella cucina familiare di tutti i giorni. L'ordine di questa sezione segue, grosso modo, quello dei ricettari classici: brodi di base, salse, sughi, impasti; per finire con alcune indicazioni indispensabili in una cucina vegana.

BRODO DI VERDURE

Mettete in una pentola tutte le verdure pulite e tagliate grossolanamente, le erbe aromatiche e, se vi piace, il pepe in grani; quindi versate l'acqua e salate. Portate a ebollizione, poi abbassate il fuoco e lasciate cuocere coperto finché le verdure non sono tenere. Quando è pronto, togliete le verdure, aggiustate di sale e filtrate.

Si conserva per 2-3 giorni in frigorifero, poi meglio surgelarlo.

2 coste di sedano, 1 cipolla,
1 patata, 1 pomodoro,
1 foglia di alloro
un ciuffo di prezzemolo
qualche grano di pepe
1,5 litri di acqua
sale

PESTO ALLA GENOVESE

Mettete nel frullatore il basilico, pulito con un panno ma non lavato (se rimane bagnato, il pesto diventa scurissimo), l'aglio, i pinoli e un bel pizzico di sale grosso. Date una prima frullata, poi cominciate ad aggiungere l'olio a filo continuando a frullare a bassa velocità fino a che non avete la consistenza giusta.

Il sale grosso assorbe più di quello fine l'acqua contenuta nelle foglie delle erbe aromatiche e la salsa viene di un bel verde brillante..

50 g di foglie di basilico genovese
2 spicchi di aglio
2 cucchiai di pinoli
100 ml circa di olio extravergine di oliva
sale grosso

SALSA VERDE

Mettete nel frullatore le foglie di prezzemolo, l'aglio, i capperi e un pizzico di sale grosso. Cominciate a frullare, poi aggiungete l'olio a filo, continuando a frullare finché non ottenete una salsa omogenea.

Per renderla più consistente, aggiungete 2 cucchiai di mollica di pane raffermo grattugiata.

1 ciuffo di prezzemolo
1 spicchio di aglio
2 cucchiai di capperi sott'aceto
olio extravergine di oliva
sale grosso

MAIONESE

100 ml di latte di soia

150 ml circa di olio di semi di girasole

1 cucchiaio di succo di limone

½ cucchiaino di senape

1 punta di cucchiaino di curcuma

sale

Versate il latte di soia ben freddo nel bicchierone di un frullatore a immersione e fatelo andare alla velocità più bassa. Cominciate a versare l'olio a filo e continuate a frullare alla stessa velocità finché non ottenete un'emulsione spessa. Muovete il frullatore dall'alto in basso per far montare la maionese. Aggiungete il succo di limone, il sale, la curcuma e la senape, sempre frullando allo stesso modo per amalgamarli, poi passate la maionese in frigorifero.

Alcune marche di latte di soia non montano, ma io non vi posso dire quali; dovete fare delle prove. La buona notizia, invece, è che la maionese vegana praticamente non impazzisce!

BESCIAMELLA

500 ml di latte vegetale di soia (o di riso)

60 g di margarina vegetale

50 g di farina

noce moscata

sale e pepe

Fate fondere la margarina, poi intrideteci la farina poca per volta sbattendo con una frusta. Diluite con il latte caldo (ma non bollente, altrimenti la farina si appallottola) versandolo a filo e continuando a sbattere con la frusta per non formare grumi. Aggiungete sale, pepe e una grattata di noce moscata, poi fate cuocere a fuoco dolce sempre girando, finché la salsa non comincia a bollire e vela il cucchiaio.

POMAROLA

800 g di pomodori fiorentini e perini maturi

1 costa di sedano

1 carota

1 cipolla rossa

1 spicchio di aglio

qualche foglia di basilico

olio extravergine di oliva

sale

Per circa 500 g di pasta ben condita

Buttate in pentola tutto insieme: i pomodori senza i semi e gli odori spezzettati, tranne il basilico; fate cuocere coperto per una quarantina di minuti, poi passate tutto al passaverdure o frullate. Se la consumate subito, rimettete la pomarola sul fuoco con 6-7 cucchiai di olio, aggiungete a questo punto il basilico e fate ritirare finché l'olio non viene in superficie. Altrimenti, tenetela in frigo per qualche giorno o surgelatela; conditela al momento dell'uso, anche semplicemente con dell'olio extravergine di oliva a crudo.

RAGÙ

800 g di pomodori perini maturi (o pomodori pelati in scatola)

1 costa di sedano

1 carota

1 cipolla rossa

1 spicchio di aglio

un ciuffo di prezzemolo

1 bicchiere di vino

olio extravergine di oliva

sale e pepe

Per circa 500 g di pasta ben condita

Fate un battuto con tutti gli odori, poi fateli rosolare a fuoco lento in una casseruola con 6-7 cucchiai di olio. Aggiungete un pizzico di sale, così che gli odori si ammorbidiscano senza arrosticciarsi troppo. Versate il vino e, quando è evaporato, aggiungete i pomodori, pelati e passati. Regolate di sale e pepe, quindi fate cuocere il ragù a fuoco lento, coperto, finché l'olio non sale in superficie: ci vorranno circa 30 minuti.

PASTA FRESCA

Queste sono le dosi per confezionare la pasta per 4-5 persone. Otterrete un impasto forse un po' abbondante, ma tiene conto dello scarto nella lavorazione e del calo di peso della pasta via via che si asciuga.

L'impasto. Sul piano di lavoro, setacciate a fontana le due farine insieme al sale, mettete al centro l'acqua, ma non tutta; intridete la farina con l'acqua mescolando con le dita e aggiungendone via via fino alla quantità necessaria ad ottenere un impasto omogeneo. Impastate con energia sul piano di lavoro infarinato, fino a che non avrete una pasta liscia ed elastica. Avvolgetela in un panno di cotone.

La sfoglia. Se tirate la sfoglia con il matterello, dovete farla riposare almeno un'ora altrimenti sarà talmente elastica che non riuscirete a stenderla. In alternativa dividetela in 4-5 pezzi e cominciate a stenderla con la macchina sfogliatrice seguendo le istruzioni allegate per le regolazioni. Ricordatevi di schiacciare bene con le mani ogni pezzo prima di infilarlo tra i rulli della sfogliatrice, o si spezzetterà tutto. Se tirate la sfoglia con il matterello, schiacciate la pasta con le mani per abbassarla poi stendetela sul piano ben infarinato, facendovi rotolare il matterello (anche questo infarinato) dal centro verso l'esterno e viceversa; fatela girare ogni tanto per ottenere una sfoglia tonda. Arrotolatela sul matterello per capovolgerla e tiratela ancora fino ad arrivare allo spessore che desiderate. Tenete la sfoglia coperta per non farla asciugare troppo.

Il taglio. Infarinate bene la sfoglia poi ripiegatela in quattro su se stessa (oppure arrotolatela) per tagliarla con un coltello a lama piatta e ricavare tagliolini, tagliatelle o pappardelle; srotolatele subito e fatele riposare coperte da un panno di cotone prima di cuocerle. Se invece dovete preparare le lasagne, ritagliate semplicemente dei rettangoli dalla sfoglia.

Se usate la macchina sfogliatrice seguite le regolazioni consigliate.
Di solito, lo spessore giusto per le tagliatelle corrisponde alla regolazione n° 5 e quello per le lasagne alla n° 6.

200 g di semola
di grano duro
200 g di farina tipo 0
240 ml circa di acqua
un pizzico di sale

PASTA PER PIZZA

Sul piano di lavoro, setacciate a fontana la farina insieme al sale, poi metteteci al centro il lievito sciolto in poca acqua piuttosto calda, ma non bollente perché se no perde vitalità; diciamo un po' più che tiepida, altrimenti la lievitazione non sarà perfetta. Intridete la farina con il lievito, aggiungendo via via l'acqua calda necessaria ad avere un impasto omogeneo. Lavoratelo con energia, con le mani chiuse a pugno, aggiungendo pochissima acqua se diventa troppo duro; dovete ottenere un impasto morbido ed elastico, non troppo asciutto (lievita meglio). Mettetelo in un luogo riparato a lievitare, coperto con un panno di cotone e una coperta di lana. La pasta è pronta quando ha raddoppiato il suo volume e un dito ci affonda senza incontrare resistenza: ci vorrà più o meno da mezz'ora a un'ora (a seconda della temperatura esterna e dell'umidità).

300 g di farina tipo 0
15 g di lievito di birra
acqua calda
un pizzico di sale

PASTA SFOGLIA

350 g di farina

150 g di farina manitoba

250 ml circa di acqua fredda

500 g di margarina di olio
di oliva (o di girasole)

un pizzico di sale

Con queste dosi otterrete circa 1,2 kg di pasta sfoglia

Setacciate le due farine con il sale.

Per il pastello

Impastate 325 g di farina con l'acqua necessaria ad ottenere una pasta omogenea
e morbida. Avvolgetela in un panno infarinato e lasciatela riposare.

Per il panetto

Impastate la margarina con i 175 g di farina avanzati e datele la forma di un panetto; avvolgetelo in un foglio di alluminio e lasciatelo in frigorifero per mezz'ora.
Poi, con il matterello leggermente infarinato, stendete il pastello dandogli la forma di un quadrato un po' più grande del panetto. Mettete il panetto di margarina
al centro, dopo averlo ammorbidito con le mani se fosse diventato troppo duro:
è importante che abbia una consistenza simile a quella del pastello altrimenti lo
rompe. Ripiegateci sopra i quattro lembi di pasta, poi spianatelo leggermente
con il matterello ottenendo così un rettangolo e mettetelo in frigo, avvolto in un
foglio di alluminio, per 15 minuti.

Primo giro e successivi

Stendete l'impasto a uno spessore di circa 1 cm: dovreste ottenere un rettangolo
di circa 60 cm di lunghezza; ripiegatelo in tre su se stesso, stendetelo di nuovo
nell'altro senso, ripiegatelo di nuovo in tre, poi rimettetelo in frigo coperto per
altri 15 minuti. Ripetete questa operazione per altre tre volte: avrete dato alla
sfoglia un totale di quattro giri. Alcuni arrivano fino a sei o addirittura a otto giri.

Per avere una pasta sfoglia dolce, aggiungete un pizzico di zucchero all'impasto di acqua e farina, insieme al sale. Se non vi occorresse tutta, vi consiglio di dividere la pasta in 4-5 parti e di surgelarla.

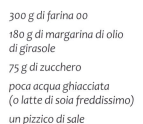

PASTA BRISÉE / PASTA FROLLA

300 g di farina 00

180 g di margarina di olio
di girasole

75 g di zucchero

poca acqua ghiacciata
(o latte di soia freddissimo)

un pizzico di sale

Queste dosi vanno bene per una teglia di 24 cm di diametro

Setacciate la farina sul piano di lavoro insieme al sale e mescolatevi lo zucchero.
Mettete al centro la margarina ben fredda e iniziate a incorporarla con il miscuglio di farina, impastando con i polpastrelli, con dei movimenti veloci per non
riscaldarla troppo, fino a che non avete ottenuto un composto bricioloso.
Aggiungete l'acqua ghiacciata necessaria (o il latte di soia) a legare insieme le
briciole; fate una palla e mettetela in frigo avvolta in una pellicola, per almeno
un'ora. Passato questo tempo potete stenderla con il matterello un po' infarinato per utilizzarla, oppure congelarla.

Per avere una frolla salata basta che eliminiate lo zucchero. Non essendoci le uova sarebbe più
corretto chiamarla brisée; qualcuno le sostituisce con un pizzico di lievito, ma a me non piace.

PAN DI SPAGNA

Sciogliete lo zafferano in poco latte vegetale caldo e tenetelo da parte. In una terrina, setacciate a fontana la farina con l'amido di mais, il lievito e il bicarbonato. Versate al centro l'olio e lo zucchero, cominciate a sbattere con una frusta, poi versate il latte vegetale a filo, sempre sbattendo perché non si formino grumi e incorporate tutta la farina. Aggiungete lo zafferano, la scorza di limone e sbattete ancora giusto il necessario per avere un impasto liscio e omogeneo. Versate l'impasto in una tortiera a cerniera di 24 cm di diametro, unta e spolverata di farina. Cuocete in forno a 180 °C finché il pan di Spagna non è bello gonfio e ha preso un colore dorato: ci vorranno circa 25-30 minuti.

Trascorso questo tempo, fate la prova dello spaghetto: inseritene un pezzo al centro e toglietelo subito; se ne esce pulito, vuol dire che il pan di Spagna è cotto.

Non aprite mai lo sportello del forno mentre il dolce sta lievitando.

200 g di farina 00

100 g di amido di mais

270 ml circa di latte vegetale

100 g di zucchero

65 g di olio di girasole

1 bustina di lievito per dolci

una puntina di cucchiaino di bicarbonato

la scorza grattugiata di 1 limone

un pizzico di zafferano

CREMA PASTICCERA

Fate bollire il latte di soia con la scorza di limone e il baccello di vaniglia tagliato in due per la lunghezza. Mescolate amido di mais, zucchero, sale, e curcuma. Eliminate scorza e baccello, poi versate a filo il latte nella miscela di amido, sbattendo sempre con una frusta per evitare grumi. Mettete sul fuoco e fate andare girando con un cucchiaio di legno, finché la crema non si addensa. Trasferite la crema in una terrina e lasciatela raffreddare coperta con una pellicola a contatto.

500 ml di latte di soia (o di riso)

150 g di zucchero

40 g di amido di mais

un pizzico di sale

un pizzico di curcuma

la scorza di 1 limone

1 baccello di vaniglia

COME SOSTITUIRE L'UOVO

L'uovo nelle ricette serve a legare gli ingredienti oppure a favorire la lievitazione.
In genere, quando sono previste molte uova (diciamo più di 3), ha una funzione lievitante.
Tenendo conto di ciò, possiamo sostituirlo con altri ingredienti che abbiano un effetto simile.

Quando serve come legante potete usare in alternativa:
2 cucchiai di fecola di patate, amido di mais, farina di riso, farina di ceci (più 2 cucchiai di acqua).
Oppure: patate schiacciate (nei salati); riso bollito (nei salati); ½ banana matura (nei dolci); 40 g di mela grattugiata (nei dolci); 40 g di yogurt di soia (legante e lievitante).

Quando deve favorire la lievitazione potete usare in alternativa:
1 cucchiaio di aceto di mele; 2 cucchiai di latte di soia in polvere diluito in altrettanti di acqua; 1 cucchiaino di lievito più ½ cucchiaino di bicarbonato.

In ogni caso dovrete di volta in volta studiare bene la ricetta che intendete modificare, cercando di rispettare l'equilibrio degli ingredienti.

LATTE VEGETALE

DI SOIA

100 g di fagioli di soia gialla
1 litro di acqua
un pizzico di sale

Lasciate la soia in ammollo per 24 ore, poi sciacquatela, passatela in pentola con 1 litro di acqua e il sale e fatela cuocere per circa 20 minuti. Eliminate le bucce che eventualmente vengono a galla, poi frullate il tutto. Coprite un colino a maglia fine con una garza di cotone da formaggio e appoggiatelo su una terrina. Versate il composto di soia a poco a poco e filtratelo, anche strizzandolo con le mani attraverso il telo se non è ancora troppo caldo. Versate il latte di soia in una bottiglia di vetro e mettetelo in frigo. Si conserva per 3-4 giorni. Nella garza rimane una poltiglia di soia che si può utilizzare per fare polpette o anche in aggiunta all'impasto del pane.

Con la stessa tecnica si può fare anche il latte di riso, di orzo, di avena. È possibile anche usare una centrifuga: dopo la cottura, scolate i fagioli, lasciateli intiepidire e centrifugateli insieme a 1 litro di acqua.

DI MANDORLE

300 g di mandorle pelate
1 litro di acqua

Coprite di acqua le mandorle e lasciatele a bagno per un'ora. Quindi, mettetele nel frullatore con l'acqua di ammollo e frullate alla velocità massima finché le mandorle non sono ridotte in poltiglia. Aggiungete l'acqua necessaria ad arrivare a 1 litro di liquido e frullate ancora finché le mandorle non sono polverizzate. Filtrate con un colino fine coperto con una garza di cotone da formaggio, poi versate il latte di mandorla in una bottiglia di vetro e tenetelo in frigorifero. Si conserva per 2-3 giorni. Non buttate la poltiglia di mandorle: utilizzatela mescolata a impasti di praline o biscotti.

Potete aggiungere un dolcificante (zucchero, malto, sciroppo di agave) quando frullate le mandorle.

FORMAGGIO VEGETALE

DI MANDORLE

1 litro di latte di mandorle
5 cucchiai di aceto di mele
(o di succo di limone)
un pizzico di sale

Portate a ebollizione il latte di mandorle, aggiungete il sale e l'aceto (o, in alternativa, il succo di limone), poi toglietе dal fuoco e lasciate raffreddare. Fate riposare in frigorifero per almeno un'ora, poi filtrate i fiocchi di formaggio che si saranno formati con un colino fine e mettetelo in frigo appoggiato su una terrina. Passata un'altra ora, il formaggio dovrebbe aver preso un aspetto solido, altrimenti aspettate ancora un po'; quindi, rovesciatelo su un piattino e servite. Si conserva in frigorifero per 6-7 giorni.

DI ANACARDI

200 g di anacardi
non tostati
1 cucchiaino di lievito
alimentare in scaglie
2 cucchiai di aceto di mele
qualche cucchiaio di latte di soia
un pizzico di sale

Lasciate gli anacardi a bagno per tutta una notte. Scolateli e metteteli nel frullatore insieme agli altri ingredienti e frullate finché non ottenete una bella crema liscia. Dosate il latte di soia in base alla consistenza, che deve essere cremosa e non troppo dura. Mettete la crema in uno stampo e lasciatela riposare in frigorifero per qualche ora. Potete profumare il formaggio di anacardi a vostro piacimento, con erbe aromatiche fresche tritate, peperoncino in polvere, tahina. Con lo stesso procedimento potete fare anche un ottimo formaggio di mandorle a crudo.

RICETTARIO

Preparazione delle verdure

Noterete che nelle ricette non vi dico mai di pulire e lavare le verdure, salvo quando è necessario seguire una tecnica particolare, come nel caso del carciofo alla giudia. Ho preferito darlo per scontato: non c'è bisogno di ripetere che le verdure, anche quelle biologiche o coltivate nel proprio orto, si puliscono e soprattutto si lavano sempre.

Bisogna dire però che, secondo i migliori principi della cucina vegana, le verdure si puliscono il meno possibile, perché è sugli strati esterni che si concentrano le sostanze nutritive e salutari. Il cuoco vegano scarta giusto il minimo indispensabile di insalate e verdure in foglia, cerca di non sbucciare gli ortaggi o di utilizzare anche le bucce o le foglie esterne che ha eliminato per altre preparazioni e cotture.

Le dosi

Le dosi riportate in questo libro sono indicative, nel senso che non sono precise al grammo. Ho seguito in parte la tradizione della cucina casalinga, secondo la quale è possibile variare di poco le quantità senza compromettere la riuscita della ricetta, e ogni tanto si può fare anche a occhio, senza paura. In alcuni casi, le troverete forse un po' abbondanti.

Del resto, come dicevano le nostre nonne, dove si mangia in quattro si mangia anche in cinque ed è sempre meglio cucinare un po' di più, piuttosto che troppo poco. E poi, tutti questi piatti sono stupendi anche il giorno dopo, se dovesse avanzare qualcosa...

PRIMAVERA

CROSTINI DI PRIMAVERA

PER 4 PERSONE

Comincia in questa stagione la grande festa delle verdure; la natura si sveglia, gli orti si riempiono di primizie e i campi di erbe spontanee. Ho la fortuna di coltivare il mio orticello; è quasi un'aiuola, faccio poche cose perché, anche se vengo da una famiglia contadina, l'abilità con la zappa si è fermata per lo più alla generazione di mia madre e delle sue sorelle. Tuttavia, la mia insalata è la più tenera e la più saporita che io abbia mai assaggiato e i piselli, pochi davvero, sono i più dolci e finisce sempre che ce li mangiamo crudi. Con le fave ogni volta sono in ritardo, non riesco mai a piantarle al momento giusto, ma per fortuna mi arrivano quelle che coltivano le mie zie al Sud, e che sono perfette per la ricetta che vi propongo qui di seguito.

CROSTINI CON FAVE FRESCHE BRASATE

4 fette di pane integrale
200 g di fave fresche sgusciate
1 cipolla di Tropea fresca
1 cucchiaio di salsa di pomodoro
olio extravergine di oliva
sale e peperoncino

Togliete l'occhio alle fave e intaccatele con l'unghia, altrimenti la buccia si spacca e si separa dalla polpa, quindi mettetele in una pentola con la cipolla tagliata a filetti, il pomodoro, l'olio, il sale e il peperoncino. Aggiungete due dita di acqua tiepida e cuocetele a fuoco lento, coperte, per circa 30 minuti finché non sono tenere. Distribuitele sulle fette di pane tostato e servitele calde, bagnate con il loro sughetto.

CROSTINI CON ASPARAGI IN PADELLA

Riducete gli asparagi a pezzetti di 2-3 cm: spezzateli con le mani fino a che li sentite teneri ed eliminate la parte più dura. Tagliate le punte a metà per la lunghezza, poi passateli in padella con il cipollotto a rondelle, olio, sale, pepe e un goccino di acqua. Fateli andare scoperti a fuoco vivace e levateli ancora un po' al dente. Distribuiteli sulle fette di pane e finite con una bella macinata di pepe.

4 fette di pane casereccio
1 mazzetto di asparagi
1 cipollotto bianco
olio extravergine di oliva
sale e pepe

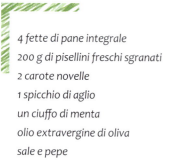

4 fette di pane integrale
200 g di pisellini freschi sgranati
2 carote novelle
1 spicchio di aglio
un ciuffo di menta
olio extravergine di oliva
sale e pepe

CROSTINI CON PISELLINI E CAROTE ALLA MENTA

Cuocete separatamente i piselli e le carote tagliate a dadini insieme a poco olio, aglio, qualche foglia di menta e poca acqua. Salate subito le carote, mentre i pisellini soltanto quando sono quasi cotti, altrimenti si induriscono. Eliminate l'aglio, schiacciate leggermente con la forchetta i pisellini, quindi distribuiteli sulle fette di pane. Appoggiatevi le carote, poi guarnite con qualche fogliolina di menta e pepe macinato al momento.

FRITTELLINE
PICCANTI

Non ci vuole nulla: si taglia la verdura a fettine sottili, a fiammifero o a dadini, e poi si butta dentro un po' di farina e l'acqua che basta a formare un impasto fluido. Sale, qualche aroma… e via a cucchiaiate in padella, affogate nell'olio quasi bollente. Le cuoche di casa lo facevano per sfruttare gli scarti di verdure crude, qualche volta anche con le bucce. Io faccio così tutte le volte che ho un avanzino di verdura cotta o cruda, anche per pochissime frittelle che i miei figli possano divorare mentre aspettiamo di andare in tavola; e di solito le fanno sparire mentre le friggo!

PER 4 PERSONE

1 mazzetto di bietole da coste
un ciuffo di prezzemolo
½ spicchio di aglio
100 g circa di farina
acqua fredda
olio di arachidi per friggere
peperoncino frantumato
sale

Eliminate la parte verde delle foglie delle bietole, poi scottate le coste in acqua bollente salata per qualche minuto; tiratele su e strizzatele.

In una terrina, mettete insieme le coste spezzettate, l'aglio e il prezzemolo tritati, e il peperoncino.

Aggiungete la farina e il sale, quindi versate quel tanto di acqua sufficiente a legare tutti gli ingredienti in una pastella piuttosto fluida.

Scaldate un'abbondante quantità di olio in una padella, quindi fatevi scivolare dentro l'impasto a cucchiaiate.

Tirate su le frittelle con un ragno quando sono ben dorate e passatele su carta da cucina per asciugare l'olio in eccesso.

Servitele caldissime con una spolverata di sale.

Con lo stesso procedimento, provate a utilizzare anche i gambi di carciofo crudi o i baccelli dei piselli, tagliati fini fini.

ERBAZZONE
EMILIANO

Ho scelto questa torta salata tipica della cucina di Reggio Emilia a far da esempio e da ispirazione per tutte le torte salate che si possono immaginare, utilizzando le fantastiche verdure primaverili. La particolarità dell'erbazzone, che nel reggiano chiamano anche scarpazzone ("scarpa" sarebbe la costa delle bietole), rispetto alle innumerevoli torte di verdura sparse per l'Italia, è di non prevedere la ricotta o un altro formaggio simile insieme alle bietole. Quindi, tolto il lardo che da queste parti mettono dappertutto, l'erbazzone è vegano, anzi veganissimo. Il fatto che la pasta che ci sta intorno sia azima, fa pensare a un qualche legame con la cucina ebraica.

Setacciate la farina con il sale, aggiungete l'olio e poi versate a poco a poco l'acqua necessaria a ottenere un composto abbastanza sodo. Lavoratelo con le mani con energia, finché l'impasto non è omogeneo ed elastico.
Copritelo con una pellicola e lasciatelo riposare per un'oretta.

Scottate le bietole in acqua bollente salata, scolatele, strizzatele bene e tagliuzzatele.

Rosolate in una padella con poco olio la cipolla e il prezzemolo tritati, aggiungeteci le bietole, sale, pepe e fatele andare, girando ogni tanto, finché non sono ben insaporite: per circa 10 minuti.

Dividete la pasta in due parti, di cui una leggermente più grande; stendete quest'ultima con il matterello a coprire il fondo e i bordi di una teglia da 26 cm, quindi rovesciatevi le bietole e distribuitele in maniera uniforme.

Ricavate un disco dalla pasta avanzata, appoggiatelo sulle bietole e sigillate con le mani i bordi dei due strati di pasta, rigirandoli l'uno sull'altro a formare un cordoncino.

Bucherellate la superficie della torta con una forchetta e infornate a 180 °C per circa 35 minuti.

1 kg di bietole
½ cipolla
300 g di farina
acqua fredda
un ciuffo di prezzemolo
olio extravergine di oliva
sale e pepe

PER 4 PERSONE

Naturalmente, potete variare il ripieno a dispetto della tradizione e usare un'altra verdura, purché abbia un gusto deciso e una certa consistenza (per esempio i piselli, che scappano dappertutto, essendo tondi e piccoli, non sarebbero adatti).

FRITTURA DI FIORI

Rido tutte le volte che me lo ricordo, quel mio amico americano, che quando volevo fargli assaggiare i fiori di zucca fritti mi disse piccato nella sua lingua: «Io non mangio fiori». Noi italiani invece i fiori li mangiamo e con gran gusto! Mia nonna impastava i fiori di sambuco – lei li chiamava Fior di maggio – nella pasta di pane, con un po' di olio, e faceva una specie di focaccia profumata che entrava nel forno a legna quando ancora c'era la fiamma. Il sambuco buttato nella pastella e poi fritto è una cosa speciale, e anche i fiori di acacia sono ottimi. Raccoglieteli lontano da qualsiasi tipo di inquinamento, perché è meglio non lavarli o perdono gran parte del loro profumo.

Con la farina, un pizzico di sale e acqua fredda, preparate una pastella piuttosto fluida; sbattete a lungo con una frusta per evitare che si formino grumi, poi lasciatela riposare in frigo per circa un'ora.

Tuffate i fiori nella pastella ad uno ad uno, poi friggeteli, pochi per volta, in olio abbondante e ben caldo. L'olio è pronto quando comincia a fremere: buttate dentro una goccia di pastella, se torna a galla subito vuol dire che l'olio ha raggiunto la giusta temperatura.

Tirate su i fiori con un ragno quando sono ben dorati, quindi metteteli ad asciugare su carta da cucina.

Serviteli caldissimi, spolverati di sale.

Questi fiori, dal sapore delicato e dolcemente aromatico, sono ottimi anche spolverati di zucchero!

4 infiorescenze di sambuco
4 grappoli di fiori di acacia
100 g di farina
acqua fredda
olio di arachidi per friggere
sale

PER 4 PERSONE

ARANCINE DI RISO

Come antipasto, è vero, sono un po' sostanziose: un'arancina siciliana è quasi un pasto. Poi si sa che il riso "fa pancone nello stomaco", cioè ti dà subito una bella sensazione di pieno. Io, d'estate, le mangiavo a merenda: le mie zie le facevano a forma di pera, mettevano sul fuoco il padellone... e via arancine e qualche volta anche crocchè. Oppure, ma ero già più grande, con i miei cugini facevamo delle scorribande in vespa, il pomeriggio, alla ricerca delle arancine nei vari bar dei paesini della zona. Ed erano ottime, perché anche quelle erano fatte in casa e fritte nell'olio di oliva.

PER 4 PERSONE

500 g di riso originario

250 g di passata di pomodoro

½ cipolla

200 g di pisellini sgranati

1 bustina di zafferano

200 g di farina

300 ml circa di acqua

pangrattato

olio per friggere
(di oliva o di arachidi)

sale e pepe

Cuocete il riso in acqua bollente salata, scolatelo e amalgamatevi lo zafferano sciolto in pochissima acqua, poi lasciate raffreddare.

In una pentola con poco olio, fate rosolare la cipolla tritata senza abbrustolirla, poi aggiungete i piselli e la passata di pomodoro. Regolate di sale e pepe e lasciate ritirare a fuoco lento per una quindicina di minuti.

Con la farina, l'acqua fredda e un pizzico di sale, preparate una pastella.

Mettete sul palmo della mano 2 cucchiaiate di riso, schiacciatelo a forma di scodella e appoggiate al centro poco più di 1 cucchiaino di ragù di piselli. Richiudete con altro riso, dando all'arancina la tradizionale forma tonda.

Passate ogni arancina nella pastella e poi nel pangrattato, pressandolo bene, poi lasciatele in frigo per un'oretta.

Friggete le arancine in olio molto caldo, che le copra quasi completamente. Tiratele su con un ragno quando sono ben dorate e mettetele ad asciugare su carta da cucina.

Per friggere, è meglio usare una padella piccola ma con i bordi alti in modo da cuocere poche arancine per volta in tanto olio.
Se volete provare una variante, aggiungete 100 g di funghi al ragù di piselli: in questa stagione trovate i prugnoli, ma vanno bene anche gli champignon o i funghi secchi.

GIARDINETTO ALLA PIEMONTESE

Nel linguaggio gastronomico classico, il giardinetto è una composizione di ingredienti dello stesso tipo, ma di colori diversi, che richiamino in qualche modo l'idea del giardino variopinto. Nel modo di comporre questa insalata c'è proprio l'intenzione di evocare la ricchezza dei colori di un giardino di primavera. Verdure cotte e sott'olio, insalate fresche e croccanti, da accomodare nel piatto con estrema cura ed estro. Un insieme di sapori molto semplici, nato come contorno ma perfetto per iniziare il pasto.

PER 4 PERSONE

400 g di patatine novelle

4 carotine novelle

2 mazzetti di ravanelli

8 carciofini sott'olio

2 cuori di lattuga

succo di limone

olio extravergine di oliva

sale e pepe

Lessate le patatine con tutta la buccia, oppure sbucciatele e cuocetele al vapore; cuocete allo stesso modo le carote, dopo averle raschiate delicatamente. Se entrambe le verdure sono molto piccole lasciatele intere, altrimenti dividete a metà le patatine e tagliate per il lungo le carote.

Dividete in quattro i cuori di lattuga, affettate i ravanelli.

Disponete nel piatto i cuori di lattuga e contornateli con le altre verdure, alternandole.

Sbattete insieme l'olio con il succo di limone, il sale e il pepe, fino a ottenere una bella emulsione.

Condite il giardinetto con questa salsa e servite.

Per un giardinetto profumato e più aromatico, aggiungete erba cipollina sminuzzata e prezzemolo tritato.

CASTRAURE
IN INSALATA

Le castraure sono i piccoli carciofi, teneri teneri, che crescono in cima alla pianta e che vengono tagliati verso il mese di aprile, per far sì che si sviluppino altri carciofi tutto intorno. Le castraure sono tipiche veneziane, per la precisione le migliori vengono dall'isola di Sant'Erasmo. A Venezia questi piccoli carciofi li cuociono in tutti i modi ma, siccome sono così teneri e dolci, la cosa migliore è mangiarli crudi e condirli appena.

PER 4 PERSONE

8 *castraure*
succo di limone
olio extravergine di oliva
sale e pepe

Pulite i carciofi il meno possibile, quindi tuffateli nell'acqua acidulata con il succo di limone perché non anneriscano.

Asciugateli bene e, con un coltello affilato, tagliateli a fettine sottilissime.

Conditeli con sale e pepe, olio e nient'altro.

Metteteci accanto del pane tostato tagliato fine, ma non è indispensabile. Con i carciofi crudi non si sente il bisogno di mangiare il pane e forse non vi piacerà nemmeno il vino, per via dell'alto contenuto di tannino presente nel carciofo.

I veneziani cuociono le castraure anche "in tecia", cioè in teglia, in un soffritto di cipolla, insieme ai finocchi tagliati a spicchi.

INSALATA
CON LE FRAGOLE

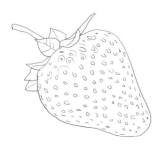

È questo il momento migliore dell'anno per togliersi la voglia di cibi freschi e salutari, e per gustare insalatine da taglio appena nate, tenere e croccanti. Tra le lattughe, adoro la canasta giovane e la pesciatina; così a primavera, nel mio orto privato, riesco a zappare con gran fatica una piccola aiuola, dove metto le piantine delle mie insalate preferite, appena spuntate. Le raccolgo tutti i giorni, senza farle crescere troppo, e poi ne reimpianto di nuove via via che le taglio. Qualche volta aggiungo altre verdure nella mia insalatiera e ho cominciato a metterci dentro anche la frutta e, ogni tanto, i semi tostati. Ho scoperto così, che le fragole stanno benissimo nell'insalata, soprattutto quando è servita all'inizio del pasto.

Sfogliate la canasta e la pesciatina, ripulite le altre insalatine, poi lavatele tutte insieme e asciugatele bene.

Raschiate le carote; pulite le fragole passandole velocemente sotto l'acqua corrente, quindi asciugatele e tagliatele a fettine.

In una bella insalatiera mettete le insalate spezzettate grossolanamente con le mani, le carote grattugiate e le fragole.

Condite al momento di servire con olio e sale, e girate l'insalata con le mani se nessuno vi vede: è il modo migliore per distribuire bene il condimento.

Portate in tavola il macinapepe, che ognuno possa servirsene se lo desidera.

È quasi una banalità, ma già che ci sono le fragole, l'aceto balsamico ci sta benissimo.

2 piccoli cespi di canasta
2 cespi di pesciatina tenera
1 mazzetto di rucola
1 mazzetto di lattuga foglia di quercia
una manciatina di valerianella
2 carote novelle
250 g di fragole
olio extravergine di oliva
sale e pepe

PER 4 PERSONE

MINESTRONE DI STAGIONE

Non esiste una ricetta precisa. Il minestrone è un guazzabuglio di sapori che cambiano con le verdure che ci si mettono, sempre diverse a seconda dei luoghi d'Italia e del periodo dell'anno. Un tempo lo si faceva con quello che c'era nell'orto, verdure e aromi di stagione raccolti qua e là, e qualche erba profumata. Oggi prevale la regola che più verdure ci metti e più saporito è. Il minestrone più famoso è quello alla milanese che ha avuto perfino il bollino di autenticità, la Denominazione Comunale; è una minestra molto sostanziosa e ritirata che prevede anche il riso. Niente a che vedere con quello che vi propongo adesso che, secondo la tradizione di casa mia, è un piatto leggero e non troppo condito, saporito perché lo sono le verdure di primavera che ci sono dentro.

PER 4 PERSONE

200 g di pisellini freschi sgranati

200 g di fave fresche sgusciate

1 mazzetto di asparagi fini coltivati

1 mazzetto di bietole

2 patate

2 carote novelle

1 costa di sedano

1 cipollotto

erbe aromatiche: timo, rosmarino, maggiorana

olio extravergine di oliva

sale

Tagliate il cipollotto a filetti, compresa la parte verde, le carote a rondelle e il sedano a pezzettini.

Spezzettate gli asparagi eliminando i gambi più duri, tagliate le bietole a strisce irregolari, le patate a cubetti.

Sporcate d'olio il fondo di una bella pentola, buttateci dentro il cipollotto e fatelo scaldare un po'; poi aggiungete tutte le verdure, compresi i piselli, le fave e le erbe aromatiche tritate.

Fate appassire leggermente girando spesso, poi allungate con circa un litro di acqua e portate a bollore.

Regolate di sale e fate cuocere coperto a fuoco lento, finché le verdure non sono cotte ma intere, per circa 30 minuti.

Servite il minestrone di primavera con un giro d'olio a crudo.

Potete arricchirlo con la pasta: 50 g di mafaldine a testa, scolate molto al dente e finite di cuocere nel minestrone. Aggiungete poca acqua di cottura della pasta per mantenerlo brodoso.

RISI E BISI

Il dialetto veneziano mi è sempre piaciuto moltissimo. Guardavo le commedie di Goldoni insieme a mia madre, quando le passavano in televisione negli anni Sessanta, e quel modo di parlare mi ha sempre messo allegria. Dire "risi e bisi", invece che riso e piselli, fa tutto un altro effetto, sembra tutta un'altra minestra. Giuseppe Maffioli, storico gastronomo della cucina veneta, ci racconta che questo era un piatto dogale, che si faceva per tradizione il giorno di san Marco; si era diffuso in tutti i territori della Serenissima e poi di là anche in tutte le città dell'Adriatico orientale, in Grecia e in Turchia. Il riso utilizzato è sempre stato il vialone nano di Grumolo delle Abbadesse, e i pisellini quelli dolcissimi di Peseggia, dove si tiene ogni anno la festa dei "bisi".

Fate rosolare brevemente, in poco olio, l'aglio e la cipolla tritati e i piselli; fateli insaporire, poi aggiungete il riso e coprite di brodo.

Portate a bollore e finite di cuocere coperto, a fuoco lento, per una ventina di minuti, ricordandovi di regolare di sale e pepe solo verso la fine, perché altrimenti i piselli si incrudiscono.

I risi e bisi devono essere "all'onda" e anche di più: una consistenza che sia una via di mezzo tra un risotto e una minestra è quella giusta.

Servite con una spolverata di prezzemolo tritato.

Il Maffioli suggerisce di preparare un brodo utilizzando i baccelli dei piselli, per portare il riso a cottura. Bisogna sceglierli molto teneri e, una volta cotti, passarne una parte per fare una specie di cremina da mescolare al brodo.

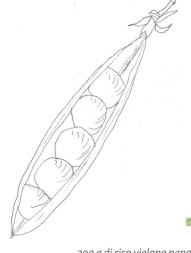

300 g di riso vialone nano

1 kg circa di piselli sgranati

1 cipolla bianca

½ spicchio di aglio

un ciuffo di prezzemolo

1 litro circa di brodo vegetale
(vedi ricette di base)

olio extravergine di oliva

sale e pepe

PER 4 PERSONE

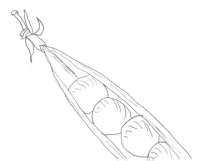

PASTA E FAVE

Mi piace farla per stupire i miei amici fiorentini, i quali sono ancora convinti che le fave si mangino solo crude e con il pecorino, quando sono praticamente appena nate. Dalle mie parti, invece, si fanno diventare un po' più grosse, in modo che il sapore sia più intenso e che reggano meglio la cottura. Per pasta e fave, "la morte sua" sono i bucatini spezzati in due; mi è capitato però, soprattutto quando la faccio per tante persone, di utilizzare la pasta corta, tipo le mafaldine, e non è male. Quando sgranate le fave, ricordatevi sempre di togliere l'occhio, e di intaccarle con l'unghia; se fossero molto grosse, togliete anche la pellicina. La vostra fatica sarà ricompensata da una pasta e fave... favolosa!

In una grossa pentola, mettete insieme le fave con la cipolla tagliata a filetti, un pezzetto di peperoncino, i pomodori a pezzettini, 4-5 cucchiai circa di olio e acqua che copra tutto per metà. Lasciate cuocere a fuoco lento, finché le fave non sono tenere.

Scolate a metà cottura i bucatini spezzati in due e buttateli nella pentola con le fave, a finire di cuocere. Regolate di sale e pepe e, se necessario, aggiungete poca acqua calda.

La pasta con le fave deve essere "all'onda", non troppo ritirata.

È buonissima anche fredda, basta aggiungere un filo d'olio per scioglierla un po', perché raffreddando si rassoda molto.

200 g di bucatini
500 g di fave sgusciate
2 pomodori perini
1 grossa cipolla di Tropea
olio extravergine di oliva
peperoncino
sale e pepe

PER 4 PERSONE

CREMA DI TARASSACO E CICERBITA

A primavera mia madre ci portava in giro per i campi a raccogliere le erbe selvatiche. Quelle che prendevamo di più erano la cicerbita, la cicoria selvatica e il dente di leone, altro nome del tarassaco, che però a mia madre non piaceva tanto. Io ci andavo pazza per via del "soffione", (la palla di lanugine contenente i semi) che raccoglievo sempre per soffiarci sopra esprimendo un desiderio, nonostante la leggenda che diceva avessero un effetto imbarazzante su chi si avvicinava troppo (un altro nome del tarassaco è "piscialletto"). Il tarassaco è una specie di toccasana per il fegato, è diuretico, depurativo, stimolante per l'appetito, ma è così amaro! La cicerbita, invece, è dolce, deliziosamente croccante e un po' spinosa. Perciò, queste due erbette selvatiche sembrano fatte per stare insieme e io le ho buttate in pentola con le patate, per dare un po' di consistenza alla crema.

PER 4 PERSONE

400 g circa di foglie di tarassaco e di cicerbita

300 g di patate

1 cipolla

olio extravergine di oliva

sale e pepe

In una pentola con poco olio mettete la cipolla a filetti, le erbe spezzettate e le patate a cubetti.

Lasciate insaporire per qualche minuto, poi coprite di acqua bollente e regolate di sale.

Fate cuocere a fuoco lento finché le patate non sono quasi sfatte, per circa 15 minuti, poi frullate tutto con un frullatore a immersione.

Servite la crema guarnita con qualche crostino di pane e una macinata di pepe e decorate i piatti con i fiori di tarassaco, se vi piacciono.

Mia madre le erbe di campo le scottava e poi le finiva di cuocere con i fagioli bianchi in una specie di minestra, oppure le saltava in padella con aglio, olio e peperoncino.

TAGLIATELLE
BARBA E CECI

Metto sempre i legumi insieme alle verdure un poco "amarostiche" come la barba di frate, è un accostamento che mi piace moltissimo, soprattutto con la pasta fresca fatta in casa. I ceci difficilmente si sfarinano in cottura, così, per avere un insieme più amalgamato e accogliente, di solito ne frullo una piccola parte. Potete scegliere la larghezza della pasta, se la fate in casa tagliarla più larga o più fine, starà bene comunque con questo condimento. La barba di frate (detta anche barba del negus o agretti) è una verdura molto saporita che cresce spontanea sulle nostre coste e che oggi viene coltivata in maniera estesa. L'uso che se ne faceva in passato non aveva molto a che fare con la tavola: pensate che dalla sua combustione si ricavava la soda; sì, proprio quella che si usa per fare il sapone.

PER 4 PERSONE

400 g di tagliatelle
(vedi ricette di base:
pasta fresca)

400 g di barba di frate (agretti)

250 g di ceci già cotti

1 spicchio di aglio

1 bustina di zafferano

olio extravergine di oliva

un pezzetto di peperoncino

sale e pepe

Eliminate le parti più dure e legnose, poi lavate la barba di frate e mettetela in una larga padella, senza sgrondarla troppo.

Fatela "affogare" con l'aglio, l'olio, il peperoncino e poco sale; cuocetela al dente, per circa 15 minuti.

Frullate la metà dei ceci, poi buttate tutto dentro la padella con la verdura. Sciogliete lo zafferano in poca acqua e aggiungete nella padella anche quello.

Scolate le tagliatelle al dente, poi fatele saltare per qualche minuto con la verdura, aggiungendo un filo d'olio, una bella macinata di pepe e poca acqua di cottura, in modo che la pasta sia morbida, non troppo ritirata.

La barba di frate è molto buona anche bollita o al vapore,
condita soltanto con olio e limone.

TRENETTE AVVANTAGGIATE CON IL PESTO

In Liguria si dicevano "avvantaggiate" perché costavano meno, dal momento che erano una pasta di seconda scelta, per via della crusca contenuta nella farina. In realtà queste trenette erano considerate una vera prelibatezza, perché erano ruvide e trattenevano il pesto a meraviglia. Perciò, nella memoria gastronomica è rimasta questa definizione, anche se quel tipo di pasta oggi non si trova più, perché è fuori legge e si usano normalmente delle trenette di grano duro. Questa storia mi fa tornare in mente la "stroncatura", una pasta tradizionale calabrese che ha le stesse caratteristiche, e che si mangia sempre "all'agghiu e l'ogghiu", cioè con aglio, olio e peperoncino. Come le trenette di una volta, è ruvida e scura e si trova ancora oggi "sotto banco", avvolta a chili nella carta marroncina, alla vecchia maniera.

PER 4 PERSONE

400 g di trenette

100 g di fagiolini

1 grossa patata

1 dose di pesto alla genovese (vedi ricette di base)

olio extravergine di oliva

sale e pepe

Mettete sul fuoco una pentola con abbondante acqua salata e, quando bolle, buttateci i fagiolini.

Dopo 5-6 minuti, aggiungete la patata tagliata a tocchetti e riportate a bollore. Buttate le trenette e scolatele al dente insieme alle verdure, tenendo da parte poca acqua di cottura.

Condite con il pesto, aggiungendo un mestolino dell'acqua di cottura se la pasta fosse troppo asciutta.

Girate bene e servite, portando in tavola l'olio, da aggiungere a piacere a crudo, e il macinapepe.

Con il pesto si condiscono anche i testaroli, specialità della Lunigiana. Sono grossi dischi di pasta fatta con acqua e farina, cotti sul fuoco dentro al testo (una sorta di pentola di terracotta o, più comunemente, di ghisa, che cuoce come un forno). Una volta pronti, i testaroli si tagliano a strisce e si cuociono come la pasta.

SPAGHETTI AL SUGO DI ASPARAGI SELVATICI

Sono leggermente più amari di quelli coltivati ma hanno un aroma più intenso. In questa stagione, gli asparagi selvatici è facile trovarli nei boschi, ma anche in collina, tra i campi, in mezzo agli arbusti spinosi. Meglio non scambiarli con i germogli di pungitopo – in molti dialetti del Sud si chiamano "bruschi" o "vruscula" – che hanno una sola infiorescenza sulla punta e il gambo violetto: sono molto più amari e vi rovinerebbero il sugo. Quelli è meglio scottarli prima e poi farci la classica frittata, naturalmente vegana.

Spezzate gli asparagi selvatici con le mani, finché non arrivate alla parte più dura che è da eliminare.

In una padella, fate imbiondire in poco olio la cipolla tagliata a filetti, poi aggiungete gli asparagi, un po' di sale e lasciate insaporire per qualche minuto.

Aggiungete il pomodoro, regolate di sale e pepe, quindi fate andare questo sugo finché gli asparagi non sono teneri e l'olio non comincia a venire a galla: per circa 25 minuti.

Scolate la pasta al dente e buttatela nel sugo; saltatela per qualche minuto quindi distribuitela nei piatti.

Secondo le regole della buona cucina, bisognerebbe separare le punte dal resto degli asparagi, cuocerle a parte e aggiungerle alla fine. Io non lo faccio quasi mai, e se anche qualche punta è un po' sciupacchiata, mi va bene lo stesso.

400 g di spaghetti
1 mazzetto di asparagi selvatici
500 g di passata di pomodoro
½ cipolla di Tropea
olio extravergine di oliva
sale e pepe

PER 4 PERSONE

MACCHERONCINI
CON LE PUNTARELLE

Le puntarelle sono le superstar di alcuni piatti molto popolari a Roma, anche se di fatto le migliori che si trovano sul mercato, soprattutto in questa stagione, vengono dalla Puglia. Questi germogli croccanti e ricchi di acqua si formano al centro di una varietà di cicoria catalogna, quando è spigata. Le puntarelle si mangiano soprattutto crude, tagliate a striscioline dopo un bagno ghiacciato che le fa arricciare e perdere l'amaro. Ma cotte e sulla pasta sono ancora meglio, perché sono leggermente "amarostiche" e appetitose. I maccheroncini di cui vi parlo sono quelli "al ferretto", tipici del Sud. Aiutavo mia madre quando li faceva e usavamo arrotolare i pezzetti di pasta di semola intorno ai ferri da calza infarinati; non abbiamo mai posseduto l'apposito attrezzo e, sinceramente, penso che quasi nessuno ce l'abbia in casa.

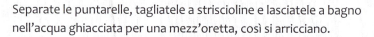

PER 4 PERSONE

400 g di maccheroncini
al ferretto

500 g di puntarelle

2 spicchi di aglio

un pugno di olive nostrali
senza nocciolo

olio extravergine di oliva

un pezzetto di peperoncino

sale

Separate le puntarelle, tagliatele a striscioline e lasciatele a bagno nell'acqua ghiacciata per una mezz'oretta, così si arricciano.

Fate scaldare 2-3 cucchiai di olio in una padella insieme all'aglio, quindi buttateci le puntarelle e fatele appassire per qualche minuto, girando con un cucchiaio di legno.

Aggiungete le olive spezzettate e il peperoncino, regolate di sale e continuate a cuocere, finché la verdura non diventa tenera ma ancora croccante, aggiungendo poca acqua perché rimanga abbastanza umida.

Scolate la pasta al dente e saltatela per qualche minuto nella padella con le puntarelle, prima di servirla.

Per aggiungere una nota croccante, potete spolverizzare i piatti con mandorle tostate tritate o in scaglie.

LASAGNE
AGLI ASPARAGI

Si tratta di una lasagna leggera: solo tre strati, tanta besciamella e verdura. La lasagna senza uova risulta meno porosa, quindi assorbe meno il condimento, ma in compenso ha una bellissima consistenza al palato. D'altro canto l'utilizzo delle uova nella pasta fresca è tipico dell'Emilia Romagna mentre, più si scende verso il Sud, più la sfoglia si prepara solo con acqua e farina, di solito mescolata con la semola di grano duro. Secondo me, la besciamella sta molto bene con la verdura, un po' meno con il pomodoro. Perciò, meglio sbizzarrirsi nella preparazione di lasagne con le verdure di stagione, anche mettendone insieme più di una, evitando la lasagna classica che sarebbe in definitiva un surrogato.

PER 4 PERSONE

12 sfoglie di lasagna
(vedi ricette di base:
pasta fresca)
2 mazzi di asparagi
2 cipollotti
1 dose di besciamella
(vedi ricette di base)
olio extravergine di oliva
sale e pepe

Spezzate gli asparagi con le mani, fino al punto in cui si rompono meno facilmente, quindi mettete da parte i gambi più duri.

Fate appassire gli asparagi in una padella con poco olio e con un po' di sale e pepe, insieme alle cipolle tagliate a filetti con tutte le loro code verdi. Portateli a cottura aggiungendo via via acqua tiepida e sale, se necessario.

Intanto bollite i gambi scartati e, quando sono morbidi, passateli con il passaverdura e mescolate alla besciamella la polpa che ne ricavate.

Scottate le lasagne in acqua bollente salata per qualche minuto; tiratele su con una schiumarola e mettetele ad asciugare distese sopra un telo di cotone.

Sporcate il fondo di una teglia da forno con un po' di besciamella, quindi sistematevi 4 lasagne e, sopra a queste, un bello strato di besciamella e ⅓ degli asparagi.

Componete in questo modo gli altri due strati e passate le lasagne in forno a 200 °C finché non si forma una crosticina dorata.

La besciamella agli asparagi sarà un po' verdina... ma buonissima.
Nell'acqua per le lasagne mettete un filo d'olio per evitare che si attacchino in cottura.

RISOTTO PRIMAVERA

È un tripudio di colori, preparato con le verdure appena raccolte, aggiunte a fine cottura per non alterarne il gusto fresco e delicato. Questo risotto è davvero un'ode alla primavera, lo sapeva bene Arrigo Cipriani che praticamente lo ha inventato e ne ha fatto uno dei piatti speciali dell'Harry's Bar di Venezia. Io non ho mai avuto una grande passione per il riso. Ho sposato un milanese, che invece naturalmente ne va pazzo, e c'è sempre la solita scenetta tra di noi: io che gli dico che in casa mia il riso si mangiava quando eravamo malati e lui che mi risponde che non c'è da stupirsi perché sono del Sud, e probabilmente ha ragione. Comunque, tra le risate e gli sberleffi di tutta la famiglia milanese, negli anni ho imparato a fare un risotto "buonino" e ho anche imparato ad apprezzarlo. E questo risotto, purtroppo lo devo ammettere, mi piace moltissimo.

PER 4 PERSONE

320 g di riso vialone nano
(o carnaroli)

1 mazzetto di asparagi

200 g di pisellini freschi sgranati

2 carotine novelle

2 zucchine

1 cipollotto

1 bicchiere di vino bianco secco

1 litro circa di brodo vegetale
(vedi ricette di base)

un ciuffo di prezzemolo

olio extravergine di oliva

sale e pepe

Tagliate le punte degli asparagi e riducete a pezzettini la parte più tenera dei gambi. Tagliate carote e zucchine a dadini.

Saltate queste verdure in una padella con poco olio; fatele appena ammorbidire senza che prendano colore, per circa 10 minuti.

In una larga pentola, fate rosolare il cipollotto tritato con circa 2 cucchiai di olio, finché non diventa trasparente.

A questo punto, unite il riso, fatelo tostare, poi sfumate con il vino bianco. Cominciate ad aggiungere il brodo via via che si assorbe e, quando il riso è a metà cottura, buttate dentro le verdure.

Regolate di sale e pepe, quindi portate a cottura aggiungendo il brodo, a poco a poco.

Levate il risotto dal fuoco ancora al dente e servitelo con una spolverata di prezzemolo tritato.

Se volete fare una cosa "pissera", come si dice a Firenze (cioè per benino e un po' melensa), guarnite il piatto con dei fiori commestibili, come fiori di rosmarino, borragine, calendula.

CARCIOFI ALLA GIUDIA

Belli e famosi, sono il fiore all'occhiello della cucina romanesca. Per la precisione sono nati nel ghetto di Roma, inventati dalle massaie ebree e consumati alla fine del digiuno nel giorno del Kippur. Si parte naturalmente dal carciofo romanesco, ce ne sono campi sterminati nelle terre di Ladispoli e Civitavecchia. A Roma li chiamano "cimaroli" o "mammole" e sono belli tondi, morbidi, senza barba e senza spine, e si friggono bene. Non è una cottura complicata, ma richiede attenzione, perché si ha a che fare con l'olio bollente che deve essere caldo, ma non troppo, e soprattutto tanto, da coprire quasi completamente i carciofi.

PER 4 PERSONE

4 carciofi romaneschi (mammole)

succo di limone

olio di arachidi per friggere

sale e pepe

Eliminate le foglie più esterne dei carciofi e lasciate solo un pezzetto di gambo. Con un coltellino affilato tagliate la punta dura delle foglie di ogni carciofo, ruotandolo via via e procedendo a tagliare dall'esterno verso l'interno; in questo modo l'altezza del taglio salirà a mano a mano che si arriva alle foglie più interne che hanno la parte dura più in alto. Alla fine, il carciofo avrà più o meno l'aspetto di una rosa. Ora spellate il gambo e rifinite anche la base del carciofo, tagliando via l'attaccatura di quelle foglie più esterne che avevate eliminato all'inizio.

Premete i carciofi leggermente a testa in giù sul piano di lavoro, in modo che si aprano un po', poi immergeteli nell'acqua fredda acidulata con il succo di limone per un'oretta. Infine, fateli scolare bene a testa in giù e asciugateli.

Scaldate l'olio a una temperatura un po' inferiore a quella che si usa di solito per friggere (140-150 °C), immergeteci i carciofi e fateli cuocere per una decina di minuti, poi tirateli su con un ragno.

Allargate leggermente le foglie, spolverate di sale e pepe, spruzzate leggermente con un po' d'acqua e rituffateli nell'olio caldo, tenendoli a testa in giù per circa 1 minuto. In questo modo le foglie più esterne si apriranno e diventeranno croccanti e squisite.

Tirate su i carciofi con il ragno e metteteli ancora una volta a testa in giù a perdere l'olio in eccesso, poi serviteli.

Scegliete una padella a misura dei carciofi e con i bordi alti. Per friggere si dovrebbe usare l'olio extravergine di oliva, ma non preoccupatevi se vi sembra uno spreco, perché in effetti ce ne vuole un sacco; vengono molto bene anche con l'olio di semi.

FINOCCHI ALLA PIZZAIOLA

Forse saprete che ci sono i maschi e le femmine tra questa verdura. I maschi sono quelli un po' tondotti e polposi, mentre le femmine sono più lunghine e fibrose. Perciò meglio mangiare i maschi crudi e cuocere le femmine. Io trovo che i finocchi siano una verdura fantastica, sono buoni in tutti i modi e ci sono tutto l'anno. Mi piacciono perfino lessi, perché se sono freschi rimangono profumati. Sembra incredibile, ma la prima volta che li ho preparati alla pizzaiola per i miei amici vegani, si sono molto stupiti: quasi nessuno pensa mai a mettere il finocchio insieme al pomodoro, eppure ci sta benissimo, diventa molto appetitoso!

Eliminate le foglie esterne e le cime, poi tagliate i finocchi a spicchi non troppo grossi.

Sistemateli in una pirofila insieme ai pomodori scolati e schiacciati e a tutti gli altri ingredienti, compresi i capperi ben sciacquati, il peperoncino frantumato, l'origano, il sale e il pepe.

Aggiungete un dito d'acqua, condite con un filo d'olio e girateli con le mani per distribuire bene il condimento.

Passateli in forno a 200 °C fino a che non diventano teneri e arrosticciati, per circa 30 minuti.

Questi finocchi vengono molto bene anche se li fate cuocere in teglia, sul gas.

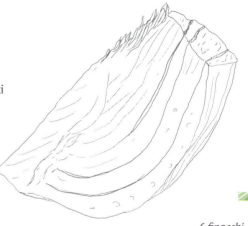

6 finocchi
400 g di pomodori pelati
un pugno di capperi sotto sale
un pugno di olive nostrali
senza nocciolo
1 spicchio di aglio
un pizzico di origano
olio extravergine di oliva
un pezzetto di peperoncino
sale e pepe

PER 4 PERSONE

TORTINO
DI BARBA DI FRATE

È una verdura rustica, ma che si presta benissimo alla preparazione di piatti anche un po' elaborati. La barba di frate si presenta a mazzetti di aghetti lunghi e verdi con delle radici legnose. Si mangia solo la parte verde e va lavata bene perché trattiene molti residui dei terreni sabbiosi dove viene coltivata. Questo tortino è molto semplice per quanto riguarda gli ingredienti e facile da preparare, ma la presenza della besciamella lo rende quasi un soufflé e vi farà fare un'ottima figura. La barba di frate ha una consistenza un po' "callosa", molto piacevole al palato, e un gusto forte e deciso che vi darà piena soddisfazione.

PER 4 PERSONE

400 g di barba di frate (agretti)

1 cipollotto

250 ml di besciamella piuttosto soda (vedi ricette di base)

pangrattato

olio extravergine di oliva

sale e pepe

Mettete in padella la barba di frate insieme al cipollotto tagliato a filetti, compresa la coda verde.

Aggiungete sale e pepe e fate cuocere al dente, in modo che la barba di frate rimanga abbastanza asciutta; ci vorrà una quindicina di minuti.

A questo punto aggiungete la besciamella, quindi rovesciate tutto in uno stampo tondo, leggermente unto e spolverato di pangrattato.

Passate in forno a 200 °C fino a quando non si forma una bella crosticina dorata.

Servite il tortino caldo.

Metteteci accanto una salsina di pomodoro un po' piccante: frullatela bene per renderla liscia e omogenea.

FRITTATA DI CIPOLLINE FRESCHE CON LE OLIVE

La frittata di cipolle in casa mia si mangia con le olive, quelle nostrali piccole e di mille colori: un pezzetto di frittata e un'oliva e poi si sputa il nocciolo. Quando mia madre la faceva, alla fine si contavano i noccioli, per vedere chi aveva mangiato più olive. A dire il vero, questa frittata si fa più spesso solo con le code verdi delle cipolline fresche, tagliate a pezzetti e fatte appassire nell'olio. Non poteva mancare al pranzo del giorno di Pasquetta, che di solito era un picnic, al quale però certo non si mangiavano panini, ma pasta al forno e parmigiane. Che dire... siamo meridionali! Non essendoci le uova, questa, più che a una frittata, vi farà pensare a una grossa frittella, ma è buonissima davvero.

Tagliate le cipolline a rondelle e le loro code a pezzetti lunghi due dita. Fatele appassire in una padella antiaderente con poco olio e un pizzico di sale; girate spesso e muovete la padella perché le code tendono a bruciacchiarsi.

In una terrina, preparate una pastella piuttosto liquida, sbattendo insieme la farina con l'acqua fredda; aggiungete il prezzemolo tritato, un pizzico di zafferano, sale e pepe.

Rovesciate questa pastella nella padella con le cipolle, come si fa con le uova, girando per distribuirle in maniera uniforme.

Potete rivoltare la frittata per cuocerla dall'altra parte oppure chiuderla a libro e farla andare ancora un po'.

Servitela con le olive accanto.

Come molte frittate, anche questa di cipolline è ottima sia calda sia fredda.

1 mazzo di cipolline fresche
100 g di farina
acqua fredda
un ciuffo di prezzemolo
un pizzico di zafferano
un pugno di olive nostrali
olio extravergine di oliva
sale e pepe

PER 4 PERSONE

PADELLATA
DI PATATE E VERDURE

La padella è una grande amica delle verdure, le cuoce al volo, rendendole croccanti fuori e tenere dentro. Il segreto è salarle alla fine, quando sono già arrosticciate, altrimenti si ammorbidiscono subito o si rompono; così invece rimangono intere, conservano il colore naturale, ma soprattutto mantengono tutto il loro sapore. La padella deve essere di ferro, di alluminio o di rame, tutti materiali che conducono il calore ottimamente e garantiscono la temperatura giusta per una cottura perfetta. Io ho sempre usato la padella di ferro, quella che più diventa nera e meglio cuoce e che va asciugata molto bene sul gas dopo il lavaggio, altrimenti prende la ruggine. In questa stagione, melanzane e peperoni sono delle primizie: si comincia, infatti, a raccoglierli a giugno.

PER 4 PERSONE

4 patate medie
2 melanzane
2 peperoni
2 pomodori perini
olio extravergine di oliva
sale e peperoncino

In una padella, fate scaldare 3-4 cucchiai di olio, quindi buttateci i peperoni tagliati a pezzetti e le melanzane a spicchi non troppo grossi. Fateli andare a fuoco vivace girando spesso, in modo che si formi subito una bella crosticina, poi abbassate il fuoco per qualche minuto, per farli ammorbidire. Tirateli su con un ragno e teneteli da parte.

Nello stesso olio mettete le patate sbucciate e tagliate a spicchietti, fatele arrosticciare velocemente girandole spesso fino a che non diventano tenere, ci vorranno circa 15 minuti.

A questo punto rimettete in padella le verdure, mescolatele con le patate e fatele andare per qualche minuto, poi fate un po' di spazio su un lato della padella e aggiungete i pomodori a pezzi; lasciateli ammorbidire un attimo, poi schiacciateli con la forchetta, aggiungete il peperoncino e fate cuocere giusto 1-2 minuti. Mescolate questa salsa alle verdure, girando con un cucchiaio di legno.

Regolate di sale, e cuocete ancora 5 minuti a fuoco alto, muovendo spesso la padella perché i sapori si fondano e le verdure non brucino.

Queste verdure sono buonissime calde, ma assolutamente squisite fredde, anche il giorno dopo. Sono ottime anche per farcire i panini, quelli croccanti: dovete provare!

VIGNAROLA
ROMANA

Le fave e i piselli, protagonisti di questa ricetta, li piantavano un tempo in mezzo alle vigne per nutrire il terreno e poi li raccoglievano appena spuntati, teneri teneri. Quindi, finivano in pentola con i carciofi e venivano cotti poco e alla svelta. Alcuni la vignarola la preferiscono un po' liquida, quasi fosse una zuppetta; per altri, invece, è meglio farla ritirare e servirla come secondo vegetariano o come antipasto. La verità è che, come per tutti i piatti della cucina popolare, non c'è una regola precisa; ognuno la prepara come vuole ed è sempre una vera bontà, un piatto squisito, che parla di quella saggezza tutta contadina, per cui le cose semplici sono le migliori.

PER 4 PERSONE

400 g di fave sgusciate

400 g di pisellini sgranati

2 carciofi romaneschi (mammole)

1 cespo di lattuga romana

2 cipollotti

½ bicchiere di vino bianco secco

mentuccia

succo di limone

olio extravergine di oliva

sale e pepe

Pulite i carciofi, tagliateli a spicchi poi lasciateli a bagno per un po' di tempo nell'acqua acidulata con il limone.

In una larga padella fate rosolare i cipollotti affettati finemente e, quando sono diventati trasparenti, buttate dentro i carciofi, e dopo 5 minuti i piselli e le fave. Fateli andare a fuoco lento per una decina di minuti, poi unite la lattuga tagliata a strisce e il vino; lasciate sfumare, aggiungete la mentuccia, coprite la padella e cuocete per una ventina di minuti, ricordandovi di salare solo verso fine cottura e girando ogni tanto.

Date una macinata di pepe e servite la vignarola tiepida.

Il vignarolo era l'ortolano, il che ci dà un'altra possibile spiegazione riferita al nome di questo piatto.

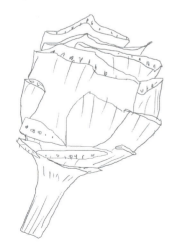

ASPARAGI
IMPANATI E FRITTI

Lo sapevate che ciò che mangiamo degli asparagi scientificamente è denominato turione? I turioni sono i germogli della pianta, che vengono raccolti quando spuntano dal terreno e sono ancora teneri. Per farli "a cotoletta" dovete scegliere degli asparagi piuttosto grossi e carnosi; sarebbero perfetti quelli violetti di Albenga, ma vanno bene anche i bianchi di Bassano o i comunissimi asparagi verdi, basta che siano belli grossi. Fatti così, si mangiano uno via l'altro; quindi, per un secondo sostanzioso mettetene almeno 4 o 5 in ogni piatto, magari sdraiati su una bella insalatina mista con anche i pomodori.

Eliminate la parte più dura degli asparagi, poi scottateli in acqua bollente salata solo per qualche minuto.

Stemperate la farina con l'acqua fredda per ottenere una pastella liscia e consistente, e salatela leggermente.

Passate gli asparagi nella pastella e subito dopo nel pangrattato, pressandolo per bene.

Friggeteli in olio bollente pochi per volta e metteteli via via su carta da cucina, per assorbire l'unto in eccesso.

Serviteli con una spolveratina di sale.

Volendo, in commercio si trova anche un prodotto vegano che si chiama "no egg" e sostituisce il tuorlo d'uovo. Potete usarlo al posto della pastella.

20 asparagi, almeno, grossi e carnosi

farina

acqua fredda

pangrattato

olio di arachidi per friggere

sale

PER 4 PERSONE

FAGIOLINI IN UMIDO

Attenzione, i fagiolini in umido possono essere davvero terribili, se non sono cotti come si deve. La regola numero uno è scegliere dei fagiolini molto teneri e appena raccolti. Così sarà possibile applicare la seconda regola fondamentale, che dice che per avere dei fagiolini in umido saporiti e ancora croccanti, bisogna assolutamente riuscire a portarli a cottura senza mai aggiungere acqua. Ho imparato a farli abbastanza bene da una tata versiliese che ci aiutava nella casa al mare; io stavo sempre con lei quando cucinava e ho imparato tante cose. E lei, dopo che aveva messo quel tanto di cipolla che basta a profumare, e il pomodoro giusto per il colore e un po' di umidità, copriva la pentola e diceva: «Si coce da sé», che voleva dire che i fagiolini a quel punto dovevi solo ricordarti di girarli ogni tanto.

PER 4 PERSONE

600 g di fagiolini burrini
2 pomodori maturi
½ cipolla piccola
olio extravergine di oliva
sale

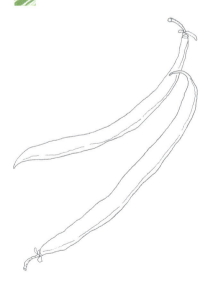

Spuntate i fagiolini, sciacquateli e metteteli in pentola insieme alla cipolla tagliata a filetti, olio e sale.

Fateli cuocere coperti a fuoco abbastanza vivace, in modo che appassiscano senza ammorbidirsi subito; girateli spesso con un cucchiaio di legno, altrimenti si attaccano al fondo della pentola. Quando sono a metà cottura, dopo circa 15 minuti, spezzettate i pomodori con le mani e aggiungeteli ai fagiolini.

Fateli andare ancora a fuoco dolce, finché non diventano teneri, ma un po' arrosticciati, per circa 15 minuti.

Sono ottimi anche freddi.

È importante non esagerare con la cipolla e il pomodoro, altrimenti diventano proprio un'altra cosa.

SECARI AL FORNO
OVVERO BIETOLE GROSSE

In dialetto calabrese stretto i "secari" sono le bietole, per la precisione quelle un po' grosse che rispuntano da sole negli orti da un anno all'altro. Mia madre ogni tanto va nell'orto dietro casa, ne prende una foglia qua, un'altra là e torna con il paniere pieno di verdura. Questa è una ricetta della serie "ammollicata": al Sud la mollica di pane raffermo la mettono proprio dappertutto, per assorbire il liquido che la verdura produce in cottura, ma soprattutto per dare sostanza e consistenza al palato. In questo modo la bietola diventa quasi uno sformato, un ottimo secondo.

Lavate la bietola e fatele fare un bollore nell'acqua salata,
poi scolatela e tagliatela a pezzi.

Ungete una pirofila, poi sistematevi la bietola, l'aglio tritato
fino fino, le olive a pezzetti, l'olio, il peperoncino e il sale.

Mescolate bene con le mani, poi cospargete tutto con la mollica
di pane grattugiata, passate ancora un filo d'olio e infornate a 200 °C
finché non si forma una bella crosticina: ci vorranno circa 20 minuti.

Come tutte le verdure "ammollicate",
anche questa è buonissima sia calda sia fredda.

1 kg di bietola grossa
mollica di pane casereccio
raffermo
un pugno di olive infornate,
senza nocciolo
1 spicchio di aglio
olio extravergine di oliva
peperoncino
sale

PER 4 PERSONE

CIOCCOLATO CHANTILLY
CON LE FRAGOLE

Ringraziate Hervé This, chimico gastronomico francese, che nel 1995 dimostrò che anche il cioccolato si può montare come la chantilly (la panna montata con lo zucchero, per i francesi) dal momento che ha una struttura simile alla panna e cioè un'alta percentuale di grasso e un emulsionante, la lecitina di soia, che viene aggiunta per sciogliere meglio lo zucchero. Questa scoperta ha segnato quasi una rivoluzione nel mondo della cioccolateria, facendo cadere uno dei più grossi tabù, che volevano l'acqua e il cioccolato assolutamente incompatibili. In realtà è vero che se fate cadere poche gocce di acqua in un pentolino di cioccolato sciolto, questo si accaglia subito e diventa granuloso. Ma se rispettate la proporzione individuata da This, otterrete una mousse liscia e setosa: come nella panna (che è un'emulsione di grassi in acqua), i grassi contenuti nel cioccolato devono essere circa il 34% dell'acqua che aggiungete. Quindi dovete guardare sulla tabella nutrizionale della vostra tavoletta di cioccolato qual è la percentuale di grasso contenuta e poi fare proprio un calcolo matematico: cioè la percentuale di grassi moltiplicata per 100 (g di acqua) diviso 34 e ottenete la quantità di acqua da utilizzare, che può essere arrotondata solo per un minimo.

PER 4 PERSONE

100 g di cioccolato fondente 70% con il 46% di grassi

135 g di acqua

350 g di fragole

2 cucchiai di zucchero

Mettete in un pentolino a fondo pesante il cioccolato spezzettato e l'acqua. Passatelo sul fuoco dolce e girate finché il cioccolato non è sciolto e completamente emulsionato con l'acqua.

Versatelo in una terrina ben fredda, appoggiata dentro un contenitore pieno di ghiaccio; fatelo raffreddare, poi sbattete con una frusta elettrica finché non comincia a montare cambiando colore e prendendo l'aspetto di una mousse.

Fate attenzione a non montare troppo o il composto diventerà granuloso; se succede, ricominciate da capo, scioglietelo di nuovo, raffreddatelo e montate.

Lasciate la mousse in frigo per qualche ora, poi servitela con le fragole a pezzetti, fatte macerare per una mezz'ora con lo zucchero.

Se la mousse vi piace più dolce, aggiungete 2 cucchiai di zucchero al cioccolato.

Ecco di nuovo, per praticità, la formula per calcolare l'acqua:
percentuale grassi tavoletta x 100 : 34 = quantità di acqua da utilizzare.

STRUDEL DI CILIEGIE

Come diceva quella filastrocca? «E son 300 cavalieri, con la testa insanguinata, con la spada arrugginita, indovina che cos'è?» Ve la ricordate? Io non scorderò mai la felicità incontenibile dei miei fratelli e mia quando cominciavamo a vedere le ciliegie dagli ortolani e mia madre finalmente ce le comprava. Erano sempre contate e litigavamo a morte per averne qualcuna in più. Per fortuna il tempo delle ciliegie dura abbastanza a lungo per togliersi la voglia. Per prime arrivano dalla Puglia le "ferrovia", che si chiamano così perché quando cominciarono a diffondersi le trasportavano con il treno. Mentre da fine maggio fino a luglio inoltrato maturano i duroni di Vignola, le ciliegie più apprezzate in assoluto, con la polpa soda e dolcissima.

PER 4 PERSONE

1 kg di ciliegie senza nocciolo
100 g di cioccolato in scaglie
250 g di farina 00
100 ml di acqua tiepida
2 cucchiai di pangrattato
*50 g di margarina vegetale
(più quella per spennellare)*
1 cucchiaino di zucchero
un pizzico di sale

Setacciate a fontana la farina con il sale, aggiungetevi lo zucchero e impastatela con l'acqua mescolata alla margarina sciolta, fino a ottenere una pasta omogenea. Lavoratela con energia sbattendola ogni tanto sul piano di lavoro infarinato, quindi avvolgetela in un telo di cotone e lasciatela riposare un'oretta, sotto una pentola riscaldata.

Tostate il pangrattato in un padellino con pochissima margarina.

Coprite il piano di lavoro con un grande telo di cotone ben infarinato. Appoggiatevi la pasta e stendetela inizialmente con il matterello; fate scorrere sotto la pasta le mani infarinate e chiuse a pugno e cominciate ad allargarla tirando dal centro verso l'esterno con delicatezza, fino a ottenere una sfoglia sottilissima.

Spennellate la sfoglia con la margarina, spolverate di pangrattato la metà più vicina a voi, quindi distribuitevi le ciliegie, il cioccolato e ancora un po' di pangrattato.

Aiutandovi con il telo, arrotolate la sfoglia su se stessa e sigillate bene i bordi.

Con un pennello, ungete leggermente lo strudel con la margarina, fatelo scivolare su una teglia foderata di carta forno e infornate a 180 °C per circa 40 minuti, fin quando non avrà preso un bel colore biscottato.

Al posto del cioccolato, potete aggiungere al ripieno 100 g di mandorle in scaglie tostate.

BIANCOMANGIARE

Bianco e dolcissimo, è una specie di budino tipicamente siciliano, di cui vi propongo la versione di Modica che è la più semplice. Fin dal Medioevo, in tutta l'Europa il termine "biancomangiare" si riferisce a pietanze i cui ingredienti sono soprattutto bianchi. Ma, secondo l'uso dell'epoca, si tratta di preparazioni in cui si mescola dolce e salato, mettendo insieme la carne di pollo o il pesce con le mandorle, lo zucchero e il latte. Questo dolce probabilmente arriva in Sicilia con gli Arabi; si fa con il latte di mandorle, che al Sud fa parte della dieta di tutti i giorni, soprattutto d'estate. Mia nonna il latte di mandorle ce lo preparava lì per lì quando avevamo fatto qualche scorpacciata, perché era rinfrescante. Prendeva un pugno di mandorle, le spellava, poi le metteva dentro una garza e le pestava con il martello; immergeva la garza con le mandorle in un bicchiere di acqua, tirandola su e giù per far colare bene il liquido bianco che si formava e che noi dovevamo bere subito.

In una pentola dal fondo pesante, mescolate bene il latte di mandorle con lo zucchero e l'amido di mais.

Incidete per la lunghezza il baccello di vaniglia, estraete i semini e aggiungeteli al composto. Fate andare su fuoco dolce girando con un cucchiaio di legno, finché non si è addensato.

Versate la crema ottenuta in stampini individuali, che avrete avuto l'accortezza di bagnare con l'acqua fredda (sarà più facile sformare il budino).

Lasciate raffreddare, poi passate in frigorifero per qualche ora.

Sformate il biancomangiare e servitelo guarnito con i pistacchi.

Potete profumare il latte di mandorla con scorza di limone e cannella, al posto della vaniglia.

1 litro di latte di mandorle
200 g di zucchero
200 g di amido di mais
1 baccello di vaniglia
pistacchi spezzettati
per guarnire

PER 6 PERSONE

FRITTELLE
DI RISO

A Firenze si dice "san Giuseppe frittellaio" perché il 19 di marzo, che è il suo giorno (e quindi quello di tutti i papà), in Toscana si fanno le frittelle di riso. Mia madre, pur non essendo toscana, era comunque molto attenta alle ricorrenze e ai cibi rituali, perciò la sera prima faceva bollire il riso che doveva riposare tutta la notte e il giorno di san Giuseppe si passava la mattinata a friggere. Le frittelle poi giravano per tutto il palazzo, perché quasi tutte le mamme del condominio le preparavano e poi se le scambiavano e ne parlavano tutto il giorno assaggiandole, lasciando le porte di casa aperte. Che bello! Era proprio un altro mondo… Questa ricetta è un po' modificata: non essendoci le uova ho aggiunto una punta di lievito e ho sostituito il latte vaccino con quello di riso.

PER 4 PERSONE

200 g di riso originario
500 ml di latte di riso
250 ml di acqua
100 g di zucchero
la scorza grattugiata di 1 limone
2 cucchiai di amido di mais
½ cucchiaino di lievito per dolci
olio di arachidi per friggere
un pizzico di sale
zucchero

Fate bollire il riso con il latte di riso, l'acqua, lo zucchero, il sale e la scorza grattugiata del limone.

Cuocetelo a fuoco dolce finché non ha assorbito tutto il liquido, poi lasciatelo riposare tutta la notte.

Il giorno dopo aggiungete l'amido di mais e il lievito, poi mettete l'impasto a cucchiaiate nell'olio bollente, friggendo poche frittelle per volta.
Tiratele su con un ragno, asciugatele su carta da cucina, quindi fatele rotolare nello zucchero.

Potete aggiungere dell'uvetta oppure aromatizzare il riso con un po' di rum.

PANNA COTTA

Anche la panna vegetale è un'emulsione di grassi in acqua, proprio come la panna di latte animale. Il procedimento per fare la panna cotta è sempre lo stesso e anche gli altri ingredienti. Dovete solo scegliere il tipo di panna che preferite: di soia, di avena, o di cocco. La panna di latte di cocco è quella più saporita, ha un gusto deciso, ma se usate la panna di soia che è più delicata, potete giocare con gli aromi e aggiungere un baccello di vaniglia, un pizzico di cannella o di zafferano. Anche le guarnizioni possono essere tantissime e diverse: caramello, cioccolato fuso, coulis di frutta di stagione o frutta fresca.

In un pentolino, mescolate la panna vegetale con lo zucchero.

Con un coltellino raschiate i semini contenuti dentro al baccello di vaniglia, che avrete inciso per tutta la lunghezza per aprirlo, e aggiungeteli alla panna.

Portate tutto a bollore e, quando lo zucchero è ben sciolto, aggiungete l'agar agar diluito in un goccio di latte vegetale e togliete dal fuoco.

Dividete la panna cotta in stampini monodose inumiditi, lasciate raffreddare e, quando la panna comincia a "tirare", metteteli in frigo per almeno 3 ore.

Una coulis per guarnire: 200 g di fragole o di lamponi
più 2 cucchiai di zucchero e qualche cucchiaio di acqua, se necessario:
sul fuoco per un bollore e poi frullati.

500 g di panna di soia
100 g di zucchero di canna
1 baccello di vaniglia
1 cucchiaino di agar agar
poco latte vegetale

PER 4 PERSONE

CROSTINI D'ESTATE

L'estate è la stagione in cui la terra è generosa e il clima perfetto. Si vive all'aperto più che si può e si desiderano cibi semplici e genuini; gli orti traboccano di verdure e la varietà è incredibile, le possibilità innumerevoli. Ma in cucina, la scelta migliore è sempre quella più semplice, che meglio valorizza l'ingrediente che hai a disposizione. Fantastici pomodori, meravigliose zucchine tenere tenere, cipolle dolcissime, basilico odoroso, sale, pepe e un goccio d'olio. E poi, cosa? Solo pane e niente altro. Crostini e bruschette sono la soluzione per ogni occasione, per riempire la tavola di cose buone, belle e appetitose. Il pan molle di Prato è più un'insalata su una fetta di pane che un crostino; simile a una panzanella, ma più ricco di verdure.

CROSTINI CON ZUCCHINE MARINATE

4 fette di pane toscano
4 zucchine piccole e tenere
½ spicchio di aglio
il succo di ½ limone
un ciuffo di prezzemolo
olio extravergine di oliva
sale e pepe

Servendovi di una mandolina, tagliate le zucchine a fette sottili, conditele con l'aglio e il prezzemolo tritati, il succo di limone, l'olio, il sale e il pepe. Lasciatele marinare per un'oretta in frigorifero, poi distribuitele su delle belle fette di pane toscano leggermente tostato. Passate ancora un filo d'olio e una spolverata di prezzemolo, prima di servire.

CROSTINI CON FAGIOLI FRESCHI E CIPOLLINA

Tostate 4 fette di pane. Distribuitevi i fagioli, e la cipollina affettata fine, compreso un po' della coda verde. Condite con sale, olio abbondante e una bella macinata di pepe.

4 fette di pane toscano
200 g di cannellini sgranati già cotti
1 cipollina fresca, di quelle appena nate
olio extravergine di oliva
sale e pepe

PAN MOLLE DI PRATO

4 fette di pane toscano
4 pomodori maturi, 4 ravanelli
1 cipolla di Tropea
1 cetriolo, 1 costa di sedano
qualche foglia di basilico,
alloro, rosmarino, 2 chiodi di garofano
½ bicchiere di vino bianco, aceto
olio extravergine di oliva
sale e pepe

In una terrina mescolate dell'acqua con il vino, aggiungete gli aromi (tenete da parte un po' di basilico per guarnire) e lasciate in infusione per un'oretta. Affettate finemente tutte le verdure e conditele con olio, aceto a piacere e sale. Immergete velocemente le fette di pane nell'acqua profumata e strizzatele leggermente, senza romperle. Sistematele nei piatti e copritele con le verdure condite. Guarnite con le foglie di basilico spezzettate, poi passate ancora un filo d'olio e una macinata di pepe prima di servire. Se vi piace un pane più rustico, potete sceglierne uno integrale, ci starà benissimo.

POMODORI SAN MARZANO GRATINATI

Così rosso e polposo, con quella puntina finale che ne ha fatto un mito, pareva sparito, perduto tra la folla di quei pomodori moderni e bucciosi progettati per soddisfare mercati lontani da raggiungere. Il pomodoro San Marzano è il principe delle salse, il migliore in assoluto per fare conserve, pelati e concentrati. Quando siamo in estate, io uso praticamente solo quello: mi sembra perfetto, cotto o crudo che sia. In fatto di pomodori sono un po' integralista: non compro mai pomodori freschi fuori stagione, odio i datterini, non sopporto più quelli a grappolo. Per la mia famiglia il pomodoro è una cosa seria, scendiamo apposta in Calabria per fare "le bottiglie" di salsa per l'inverno ed è una specie di rito che si ripete ogni anno nello stesso modo. Lavoriamo circa 10-12 quintali di pomodoro e facciamo la passata, i pelati, i pomodori a pezzettini con il peperoncino, quelli spaccati con il basilico che poi d'inverno si mangiano in insalata.

Spaccate in due i pomodori ed eliminate un po' dei semi, salateli leggermente e metteteli rovesciati su un tagliere a scolare.

Mescolate la mollica grattugiata con l'aglio, i capperi e le olive tritati, origano, sale e poco olio. Ricordatevi di sciacquare bene i capperi, prima.

Riempite i pomodori con questo miscuglio e sistemateli su una placca da forno leggermente unta.

Passate ancora un filo d'olio e una macinata di pepe, poi infornateli a 200 °C per circa 20 minuti, finché non sono ben dorati in superficie.

Sono buonissimi anche freddi, anzi io li preferisco.

Secondo me qui il peperoncino ci sta meglio del pepe, ma fate voi...

8 pomodori San Marzano sodi e maturi

una manciata di mollica di pane raffermo grattugiato

½ spicchio di aglio

1 cucchiaio di olive nostrali senza nocciolo

1 cucchiaio di capperi sotto sale

un pizzico di origano

olio extravergine di oliva

sale e pepe

PER 4 PERSONE

FRITTELLE
DI FIORI DI ZUCCA

Niente pastella pesante e "panosa", niente uovo; soltanto fiori di zucca, acqua e farina. C'è sempre qualcuno che si stupisce quando preparo queste frittelle, perché sono così buone pur essendo fatte di nulla, e poi per questo modo di trattare i fiori di zucca, quasi con noncuranza. Li lavo e li strappo con le mani, poi li passo in una terrina e ci butto lì per lì un po' di farina e di acqua, se serve, giusto quella che basta a legarli. Le frittelle non sono mai le stesse ed è proprio questo il bello. Quelle che faceva mia nonna erano un po' diverse, l'impasto era più omogeneo e più umido. Io invece i fiori li bagno e li giro poco, perché ho scoperto che così vengono più croccanti e leggeri. L'ho imparato dalla mia amica giapponese, faceva un tempura fantastico; lei sarà sempre nel mio cuore.

PER 4 PERSONE

20 fiori di zucca circa
un ciuffo di prezzemolo
farina
acqua fredda
olio di arachidi per friggere
sale

Eliminate il picciolo e il pistillo dei fiori, poi lavateli e metteteli in una terrina senza sgrondarli.
Strappateli con le mani, poi aggiungete il prezzemolo tritato e poca farina, giusto quella che basta a legare un po'.

Salate e girate con un cucchiaio, senza esagerare per non rovinare troppo i fiori; aggiungete pochissima acqua fredda se serve.

Scaldate abbondante olio in una padella di ferro.
Buttateci il composto di fiori a cucchiaiate, poche per volta: vedrete che la parte più liquida dell'impasto tenderà a staccarsi, ma voi prendetela via via con il cucchiaio e rimettetela sulle frittelle, proprio come si fa con il tempura.

Girate le frittelle con una pinza, ma non bucatele; toglietele dall'olio quando sono belle croccanti e mettetele su carta da cucina a perdere l'unto in eccesso.

Le frittelle saranno molto irregolari, alcune con delle punte molto croccanti, altre meno: tutte squisite!

Qualche volta metto nell'impasto anche del peperoncino fresco oppure una puntina di zafferano.
Se avete pochi fiori, aggiungete qualche fettina di zucchina sottilissima.

MELANZANE "A FUNGO"
CON SALSA ALLA MENTA

Quando ho compiuto cinquant'anni, ho detto alle mie zie che l'unico regalo che volevo da loro era che per la mia festa preparassero una cena fatta solo di melanzane. Così tutte se ne sono procurate una cassetta e ciascuna ha cucinato la sua specialità, in grande quantità. Queste si chiamano "a fungo" perché si dice che sembrino funghi fritti, ed erano nel menù di quella sera. Sono tra le mie preferite. Nella cucina calabrese, le melanzane hanno un ruolo che potremmo quasi paragonare alla carne; spesso d'estate sono servite come piatto forte al suo posto, perché hanno una buona consistenza e si prestano a ricette anche elaborate, fatte per saziare.

Eliminate il peduncolo, poi tagliate ogni melanzana prima in quattro nel senso della lunghezza, poi in due nell'altro verso, ottenendo così otto pezzi.

Mettetele in una grossa pentola, copritele di acqua fredda, poi passatele sul fuoco e portatele a bollore; scolatele quando cominciano a cambiare colore, dopo 2-3 minuti.

Fategli perdere l'acqua sotto qualcosa di pesante per circa un'ora: io di solito le lascio nello scolapasta, le copro con un piattino rovesciato e ci metto sopra la pentola piena d'acqua a far da peso.

Passatele nella farina e friggetele in olio abbondante, finché non sono ben dorate da tutte le parti. Tiratele su con un ragno e asciugatele su carta da cucina.

Versate poco olio di oliva in una padellina, rosolateci lo spicchio d'aglio per qualche secondo, poi eliminatelo; buttate dentro la menta e l'aceto, fate ritirare giusto 1 minuto e levate dal fuoco.

3 melanzane ovali
farina
un ciuffo di menta
1 spicchio di aglio
½ bicchiere di aceto
olio di arachidi per friggere
olio extravergine di oliva
sale

PER 4 PERSONE

Disponete le melanzane a strati su un vassoio, salatele leggermente poi bagnatele tutte con la salsa alla menta.

Fatele riposare un'oretta in frigo prima di servirle.

Sono buonissime anche senza la salsa, calde o fredde, con il sale aggiunto all'ultimo.

PANZANELLA TOSCANA

Come dice Aldo Santini nel suo *La cucina fiorentina*, la panzanella si può fare in cento modi. La base è il pane secco, che proprio per questo si bagna con l'acqua per farlo ritornare soffice prima di condirlo. Io sono per la versione classica, quella fatta soltanto con pomodoro, cipolla e al massimo il cetriolo, che se si aggiungono altre verdure diventa un'insalata. Il nome viene da "pan-zanella": i contadini se la portavano sui campi per consumarla all'ora di pranzo accampati sulle zanelle, i canali di scolo dell'acqua che c'erano tra un campo e l'altro, sempre asciutti durante l'estate. Può sembrare un po' tirata per i capelli ma, fra le tante storie che girano, questa mi pare la più probabile.

PER 4 PERSONE

400 g di pane toscano
raffermo di 2-3 giorni

5 pomodori fiorentini maturi

2 cipolle rosse
(di Certaldo o di Tropea)

1 cetriolo

un ciuffo di basilico

acqua

2 cucchiai di aceto

olio extravergine di oliva

sale e pepe

Bagnate il pane con acqua e aceto mescolati, lasciandolo a bagno per una decina di minuti. Strizzatelo bene, quindi passatelo in un' insalatiera, sbriciolandolo un po'.

Mescolatevi i pomodori a pezzettini, la cipolla affettata fine e lasciata addolcire in acqua e sale per un'ora, il cetriolo sbucciato e tagliato a fettine sottili, il basilico spezzettato con le mani.

Condite con sale, pepe e olio extravergine di oliva in abbondanza, girate bene e lasciate la panzanella in frigorifero per un'ora prima di servirla.

Una mia amica, tagliava il pane sottilissimo, poi spaccava in due i pomodori, li salava, li rivoltava sul pane e ce li lasciava per qualche ora. In questo modo il pane si bagnava e assorbiva tutto il gusto del pomodoro.

INVOLTINI DI PEPERONI

I peperoni hanno un gusto delizioso, sono belli carnosi e colorati. Per me sono la verdura estiva più saporita. Li puoi fare in mille modi diversi e sono sempre buoni, sono facili da preparare e sono ottimi anche freddi, perciò li puoi cucinare in anticipo. Insaporiscono le salse e si conservano perfettamente, anche surgelati. Fanno benissimo, perché se li mangi crudi non solo sono croccanti e deliziosi, ma sono anche pieni di vitamina C. Peccato che "tornino a gola!". Ebbene sì, per qualcuno sono molto indigesti, si piantano letteralmente sullo stomaco e pare che la colpa sia della pellicina esterna. Tranquilli, in questa ricetta la togliamo.

PER 4 PERSONE

2 peperoni rossi e gialli

50 g di pangrattato

1 cucchiaio di granella di mandorle e di pistacchi tostati

1 cucchiaio di uvetta ammollata

½ spicchio di aglio

un pizzico di origano

un ciuffo di finocchietto fresco

olio extravergine di oliva

sale e pepe

Grigliate in forno a 200 °C i peperoni interi, finché la pellicina esterna non comincia a staccarsi ed è un po' bruciacchiata.
Levateli dal forno, fateli riposare coperti qualche minuto, in modo che sia più facile spellarli e poi divideteli in falde.

Strofinate con l'aglio il fondo di una terrina, poi buttateci dentro tutti gli ingredienti, compreso il finocchietto tritato con il coltello. Aggiungete un filo d'olio, sale e pepe e mescolate bene.

Distribuite il tutto sulle falde di peperone già unte con un goccio d'olio e spolverate con pochissimo sale, poi arrotolatele.

Disponete gli involtini in una placca da forno un po' unta, dove stiano belli stretti, in modo che non si srotolino in cottura. Passate un filo d'olio e infornate a 200 °C finché non sono ben arrosticciati, per circa 15 minuti.

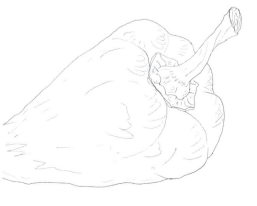

Gli involtini di peperoni sono fantastici freddi.
Se vi piace, potete aggiungere al condimento anche qualche goccia di aceto.

INSALATA DI VERDURE
GRIGLIATE CON IL SARMORIGLIO

La vera salsa sarmoriglio è un'emulsione di acqua e olio sbattuti insieme, cui si aggiungono succo di limone e, per ultimi, gli aromi. Nell'uso familiare spesso "'u sarmurigghiu" si fa soltanto con olio, origano e aglio e lo si usa per condire praticamente di tutto. Quest'olio profumato sta benissimo sulle verdure grigliate, soprattutto se sono cotte alla brace. A casa mia, in campagna, si accende il fuoco all'aperto con le potature di vite, che fanno una brace piccola piccola. Su questa, si appoggia la griglia per cuocere le melanzane tagliate a fette, ma i peperoni si buttano direttamente sulla brace e si girano con delle canne, finché non sono ben abbrustoliti. È un metodo antico, detto "alla parmisana" cioè alla maniera di Palmi che è un paese della zona dove sono nata.

Preparate il sarmoriglio mescolando in una terrina l'olio, l'aglio a pezzetti e l'origano.

Grigliate i peperoni nel forno a 200 °C finché non sono abbrustoliti e la pellicina esterna comincia a staccarsi. Tirateli fuori, fateli riposare coperti qualche minuto, poi spellateli e divideteli a strisce irregolari.

Infornate i pomodori interi e levateli non appena la pelle si spacca.

Tagliate le melanzane a fette alte 1 cm e cuocetele sotto il grill del forno o su una piastra sul gas, finché non diventano tenere e segnate dalla griglia: ci vorranno circa 10 minuti.

In una bella insalatiera mettete insieme i peperoni, le melanzane stracciate con le mani, i pomodori spellati e schiacciati.

Condite le verdure con il sarmoriglio, regolate di sale e girate bene.

Lasciate riposare l'insalata per un po' prima di servirla, in modo che si insaporisca.

2 peperoni
2 melanzane violette
2 pomodori perini maturi
un pizzico di origano
1 spicchio di aglio
olio extravergine di oliva
sale

PER 4 PERSONE

L'origano dell'Aspromonte è uno dei migliori ed è molto profumato.
Deve seccare lentamente e all'ombra, altrimenti diventa scuro.

LA PITTA DELLA PULICIA
OVVERO PIZZA CON POMODORO FRESCO E PEPERONCINO

La Pulicia era una contadina che lavorava nel podere di mio nonno, così piccola che tutti la chiamavano "la pulce" ("pulicia" in dialetto calabrese). La sua famiglia campava con poco e anche sulla pizza lei metteva solo quello che aveva, spesso soltanto pomodoro, aglio e peperoncini freschi. Quando mia nonna accendeva il forno del pane, le vicine venivano a infornare le loro pizze ripiene, come si usava allora. La pitta della Pulicia era sempre quella che tutti volevano assaggiare, anche se buttava fuoco, da quanto era piccante. Con la pitta della Pulicia abbiamo una sorta di legame affettivo, perciò continuiamo a farla tutte le volte che accendiamo il forno, e parliamo di lei mentre la mangiamo. Siccome non voglio farvi del male, ve ne propongo una versione... più dolce.

PER 4 PERSONE

*1 dose di pasta per pizza
(vedi ricette di base)*
6 pomodori perini maturi
*2 peperoncini freschi dolci
(o piccanti)*
un pizzico di origano
olio extravergine di oliva
sale

Stendete la pasta dentro a una teglia da pizza leggermente unta d'olio, allargandola con le mani, dal centro verso l'esterno, finché non ne avete coperto quasi tutto il fondo.

Eliminate il "muso" (cioè il picciolo) e i semi dei pomodori, quindi fateli a pezzettini e distribuiteli sulla pasta, schiacciandoli un po'.

Aggiungete i peperoncini tagliati a fettine e un pizzico di sale.

Date una buona spolverata di origano, un filo d'olio e passate nel forno al massimo della sua temperatura.

Lasciate cuocere la pizza finché i bordi non sono un po' scuriti e il pomodoro leggermente arrosticciato, per circa 20 minuti. Prima di toglierla dal forno controllate che il fondo sia cotto, sollevando un lato con una paletta.

La Pulicia metteva anche pochissimo aglio tagliato fino fino e voi potete aggiungere olive e capperi.
Meglio che usiate i guanti per toccare i peperoncini piccanti!

FRITTELLE DI MELANZANE

Qualcuno potrebbe obbiettare che questo libro alla fine sarà la sagra della frittella! E in effetti ve ne sto proponendo un po' tante, ma perdonatemi: io con le frittelle ci sono cresciuta. La prima cosa che mi viene in mente quando devo cuocere una verdura è di passarla nella farina e buttarla in padella. La melanzana si presta in modo particolare a essere fritta e non abbiate paura di esagerare perché la frittura, se ne rispettate le regole, oltre che ottima sarà anche sana e leggera.

PER 4 PERSONE

2 grosse melanzane violette

un ciuffo di prezzemolo

½ spicchio di aglio

farina

olio di arachidi per friggere

un pezzetto di peperoncino fresco

sale

Eliminate i peduncoli, poi tagliate le melanzane in otto pezzi; mettetele in una pentola e copritele di acqua fredda. Portate a bollore, fatele andare per qualche minuto, poi scolatele e mettetele sotto a un peso a perdere l'acqua per un'ora.

Riducetele a strisce strappandole con le mani, poi mettetele in una terrina insieme all'aglio e il prezzemolo tritati, il peperoncino affettato fino fino (se vi piace) e il sale; girate bene, poi aggiungete la farina sufficiente a legare il tutto: deve essere un composto abbastanza sodo.

Formate le frittelle con il cucchiaio e friggetele in olio caldissimo e abbondante; tiratele su con un ragno quando sono ben dorate e poi passatele su carta da cucina, a perdere l'unto in eccesso.

Servitele calde o fredde, con una spolverata di sale.

Le melanzane, cotte e condite in questo modo, sono ottime anche come insalata. Basta aggiungere un giro di olio extravergine di oliva.

PAPPA AL POMODORO

Noi che eravamo bambini nel '64 ce la ricordiamo bene Rita Pavone nei panni di Gian Burra-sca, nello sceneggiato televisivo tratto dal libro di Vamba, che urlava a squarciagola: «Viva la pappa col pomodoro». Prima di allora non l'avevo mai assaggiata (mi pare di averlo già detto che non sono fiorentina) e non so se mi piacque, ma di sicuro la volevo mangiare, per-ché era il cibo più famoso del momento ed era diventato il simbolo della rivolta degli scolari vessati dai maestri cattivi. È un piatto poverissimo, si fa con il pane raffermo, ma è una vera prelibatezza, perché valorizza al massimo i pochi ingredienti che ci sono e che variano di poco, a seconda degli usi familiari. Per una pappa al pomodoro "doc" è bene, tuttavia, che ci siano sempre: il pane "sciocco" toscano (cioè quello senza sale), il pomodoro costoluto fiorentino e l'olio delle colline intorno a Firenze.

Fate soffriggere in poco olio gli spicchi d'aglio schiacciati e lo "zenzero" (a Firenze lo chiamano così il peperoncino), quindi aggiungete i pomodori pelati, privati dei semi e spezzettati. Unite il basilico, anche questo spezzettato, e fate andare a fuoco dolce per una decina di minuti, quindi diluite con il brodo.

Regolate di sale, portate a bollore e buttate dentro il pane tagliato a fettine sottili; cuocete per una decina di minuti, poi togliete dal fuoco e lasciate riposare coperto per un'oretta.

Ogni tanto rimestate con una frusta, in modo che si formi una pappa.

Riscaldate la pappa al pomodoro e servitela calda o tiepida, con un filo d'olio e una bella macinata di pepe nero.

Durante l'inverno potete usare i pelati in scatola.
Qualcuno fa soffriggere un porro affettato insieme all'aglio e al peperoncino.

300 g di pane raffermo
di 2-3 giorni
800 g di pomodori maturi
2 spicchi di aglio
un bel ciuffo di basilico
1 litro circa di brodo vegetale
(vedi ricette di base)
olio extravergine di oliva
un pezzetto di peperoncino
sale e pepe

PER 4 PERSONE

PASTA E LATTUGHE

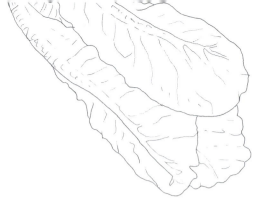

La pasta cuoce con la verdura e il suo brodo e perciò ha una consistenza morbida, molto simile a quella di certi piatti thailandesi. La pasta e lattughe si fa con la lattuga romana, quella grande e bianca all'interno, che si raccoglie dalla primavera fino all'autunno inoltrato. È una verdura dolce e croccante, ricca di acqua, e perciò è molto rinfrescante. Io la mangio cruda, foglia dopo foglia, intinta nel sale come mi ha insegnato mio padre, che racconta sempre la stessa storia: di lui che da ragazzo faceva otto chilometri a piedi per andare a scuola, mangiando lattughe comprate per due soldi da un venditore ambulante.

PER 4 PERSONE

200 g di linguine

1 lattuga romana grande

2 piccole zucchine

2 pomodori maturi

1 spicchio di aglio

qualche foglia di basilico

olio extravergine di oliva

sale

Mettete sul fuoco la pentola della pasta riempita d'acqua per un terzo. Quando bolle, mettete dentro le foglie di romana spezzate in tre, le zucchine tagliate prima a metà per la lunghezza e poi a pezzetti lunghi 3-4 cm, l'aglio sbucciato, i pomodori spezzettati e il basilico. Aggiungete uno schizzo d'olio e una presa di sale e fate cuocere finché le verdure non diventano tenere ma ancora al dente: ci vorranno circa 15 minuti.

Buttate dentro le linguine spezzate a metà e portate a cottura girando ogni tanto e aggiungendo poca acqua, se necessario.

La pasta e lattughe deve rimanere morbida, ma non troppo brodosa.

Servitela con un filo d'olio a crudo.

Togliete l'aglio prima di servire, se non lo gradite: mangiarlo inavvertitamente è veramente odioso.

TAGLIATELLE
CON I FAGIOLI FRESCHI

Ci vogliono proprio le tagliatelle fatte con la semola di grano duro e senza uova, sono le uniche che stanno bene con i fagioli appena sgranati. Usate dei cannellini, oppure quelli grossi e schiacciati che in Toscana chiamano "le fagiole", o anche i toscanelli che sono un po' più piccoli e tondi. Per una buona cottura dovete osservare le stesse regole che valgono per i fagioli secchi, tranne per l'ammollo che in questo caso non serve. Le cose essenziali, dunque, sono: aggiungere il sale a fine cottura e tenere il fuoco sempre al minimo, l'acqua deve appena fremere o la buccia dei fagioli diventerà durissima e si spaccheranno tutti.

Mettete i fagioli in una pentola e riempitela di acqua fredda, aggiungete tutti gli odori e i pomodori spezzati, poi passateli sul fuoco coperti al minimo e fateli sobbollire piano piano finché non sono teneri, per circa 40 minuti.

Cuocete le tagliatelle e, a metà cottura, tiratele su e buttatele nella pentola con i fagioli a finire di cuocere. Ne deve risultare una minestra morbida da mangiare con la forchetta, tenendo pronto il cucchiaio per tirar su il fondo di fagioli.

Servite le tagliatelle con i fagioli ben calde, condite con un filo d'olio a crudo. Portate in tavola pepe e peperoncino, che ognuno se ne serva se lo desidera.

Le tagliatelle stanno benissimo anche con i fagioli borlotti.
Potete aggiungere un trito di salvia e rosmarino prima di servire.

300 g di tagliatelle
(vedi ricette di base:
pasta fresca)

400 g di fagioli bianchi sgranati

4 pomodori maturi

1 costa di sedano

1 spicchio di aglio

olio extravergine di oliva

sale e pepe (o peperoncino)

PER 4 PERSONE

PASTA
CON IL MANGIATUTTO

Per fagiolini mangiatutto si intende quelli piatti e lunghi, qualche volta anche troppo, che si mangiano in umido come contorno. In realtà tutti i fagioli sono "mangiatutto", fin quando sono ancora giovani e verdi sulla pianta. Anzi vi dirò che i migliori sono quelli un po' variegati sul violetto, tutti storti; mi pare che il nome giusto sia stortini di Trento: sono saporitissimi e hanno la buccia sottile, ma è difficile trovarli. Se vi capita che siano già "incocciati", che abbiano cioè qualche fagiolo qua e là, sono ancora meglio; sgranate soltanto quelli più duri. Il mangiatutto al Sud si mangia soprattutto con la pasta. Questa è la versione più tradizionale ed è molto sostanziosa, perché comprende anche le patate e le zucchine.

PER 4 PERSONE

200 g di spaghetti

500 g di fagiolini mangiatutto

6 pomodori maturi

2 patate

2 zucchine

2 spicchi di aglio

qualche foglia di basilico

olio extravergine di oliva

sale

Spuntate il mangiatutto; se è di quello piatto e molto lungo dividete in due o in tre ogni fagiolino.

Mettete sul fuoco la pentola della pasta piena d'acqua per un terzo. Quando bolle, mettete dentro i fagiolini, 1 spicchio di aglio, 1 pomodoro spezzettato, qualche foglia di basilico, sale e uno schizzo d'olio; portate a bollore, poi abbassate il fuoco e lasciate cuocere coperto per una decina di minuti.

Aggiungete le patate tagliate a tocchi e le zucchine a tronchetti (che non devono essere troppo piccoli, perché altrimenti si disfano).

Quando le verdure sono a metà cottura, buttate gli spaghetti spezzati in due e girate subito.

Intanto, schiacciate con una forchetta gli altri pomodori spezzettati in un padellino con un po' d'olio e l'altro spicchio di aglio. Fate ritirare un po', poi aggiungete questo sughetto nella pentola con la pasta, regolate di sale e finite di cuocere. Ricordatevi che la pasta con il mangiatutto deve essere morbida, non troppo ritirata.

Portate in tavola l'oliera, che ognuno possa dare un giro d'olio, se vuole.

Il sughetto di pomodoro non è indispensabile. Potete aggiungere tutti i pomodori all'inizio; la pasta sarà meno condita, ma sempre ottima e saporita.

PACCHERI
RIPASSATI IN FORNO

Non è chiaro se siano napoletani o se invece davvero la Calabria possa vantare diritti sulle origini di questi maccheroni giganti. Di sicuro, sia in napoletano sia in calabrese, la "pacchera" è un bello schiaffone, che si dice anche schiaffettone, altro nome della medesima pasta. Io i paccheri li amo moltissimo, soprattutto conditi abbondantemente e con il pomodoro. Rimangono sempre al dente e, anche se sono lisci, trattengono moltissimo il sugo, quindi sono perfetti per le cotture al forno. Le zucchine preparate in questo modo sono buonissime anche mangiate così, con una spolverata di sale.

PER 4 PERSONE

400 g di paccheri

4 zucchine

500 g di pomodori freschi pelati

1 cipolla di Tropea

farina

2 cucchiai di pangrattato

olio extravergine di oliva

sale e pepe

Tagliate le zucchine a fettine sottilissime nel senso della lunghezza, salatele leggermente e lasciatele in uno scolapasta per una mezz'ora.

Intanto, soffriggete in poco olio la cipolla a filetti, aggiungete i pomodori pelati e schiacciati con le mani, quindi regolate di sale e pepe e fate ritirare a fuoco lento finché l'olio non affiora in superficie, per una ventina di minuti.

Infarinate leggermente le zucchine, quindi friggetele nell'olio d'oliva e poi mettetele su carta da cucina a perdere l'unto in eccesso.

Scolate i paccheri molto al dente e macchiateli con poco sugo di pomodoro.

Sporcate di sugo il fondo di una pirofila, quindi fate uno strato di paccheri, uno di sugo, infine uno strato di zucchine. Continuate così finché avete ingredienti, terminando con qualche zucchina a guarnire.

Date una spolverata di pangrattato e passate in forno a 200 °C finché non si forma una bella crosta dorata.

In alternativa alle zucchine, potete usare anche melanzane fritte nello stesso modo.

PASTA
CON LA PARMIGIANA

Continuiamo a chiamarla così, anche se la ricetta della pasta con le melanzane come la si prepara adesso è molto più semplice e con la parmigiana tradizionale ha in comune solo le melanzane. Nella ricetta più antica, le melanzane si buttavano nel pomodoro con tutto il loro olio di frittura, che naturalmente era di oliva, e all'ultimo si aggiungeva sempre un po' di pangrattato, come si fa nella parmigiana tra uno strato di melanzane e l'altro. Io penso di averla mangiata una volta sola, fatta da mia zia Dora che cucinava all'uso antico. Buona sì, ma forse un po' pesante per come siamo abituati adesso. Ma potete provare.

PER 4 PERSONE

400 g di spaghetti
2 melanzane ovali
1 litro di passata di pomodoro
olio di arachidi per friggere
olio extravergine di oliva
sale

Tagliate le melanzane per la lunghezza a fette di ½ cm, mettetele in uno scolapasta e spolverate di sale grosso ogni strato. Lasciatele sotto un peso a perdere l'acqua per un'ora.

Intanto, mettete sul fuoco la passata di pomodoro con olio extravergine di oliva e sale e fatela cuocere, coperta, a fuoco lento.

Strizzate le melanzane ancora un po', poi friggetele in abbondante olio caldo, finché non sono ben dorate; tiratele su con un ragno poi passatele ad asciugare su carta da cucina.

Quando il sugo è quasi cotto, aggiungete le melanzane; fate cuocere ancora 5 minuti e levate dal fuoco.

Scolate gli spaghetti al dente e conditeli generosamente con il sugo di melanzane.

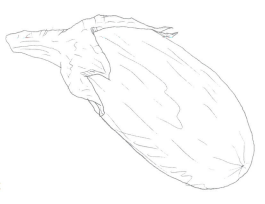

Io le melanzane non le sbuccio mai, anche se in questa ricetta sarebbe previsto;
potete anche farlo parzialmente, levando solo qualche striscia di buccia.
Se preferite, potete tagliarle a bastoncini.

BUCATINI
CON IL FINOCCHIETTO FRESCO

In primavera i campi si riempiono di finocchio selvatico, si trova dappertutto, anche ai bordi delle strade. Io lo raccolgo sempre: all'inizio della stagione quando è alto e verde, con tutti quei rametti odorosi e croccanti, per metterlo anche nelle insalate; poi a fine estate, quando le ombrelle si riempiono di fiori; infine, in autunno prendo i rami carichi di semi e li conservo in mazzetti per l'inverno. Il finocchio selvatico (detto anche finocchietto) è un'erba aromatica molto mediterranea, che dà carattere a tanti piatti tipici del nostro meridione, primi fra tutti quelli della Sicilia, dove il finocchio raccolto nei campi riarsi dal sole ha un profumo che stordisce.

PER 4 PERSONE

400 g di bucatini

300 g di finocchio selvatico fresco

1 cipolla

2 cucchiai di pinoli

2 cucchiai di uvetta ammollata

1 bustina di zafferano

2 cucchiai di mandorle tostate tritate

2 cucchiai di pangrattato tostato

olio extravergine di oliva

sale

Scottate il finocchio selvatico in abbondante acqua bollente salata, tiratelo su, asciugatelo e tritatelo in maniera grossolana.

Fate rosolare la cipolla tagliata a filetti in una padella con poco olio, quindi aggiungete il finocchio, l'uvetta strizzata e i pinoli.

Sciogliete lo zafferano in poca acqua di cottura del finocchio e aggiungetelo al resto; fate andare su fuoco dolce per una decina di minuti, regolate di sale.

Buttate la pasta nell'acqua di cottura del finocchio, scolatela al dente, poi passatela nella padella con la salsa. Fatela saltare qualche minuto su fuoco vivace, aggiungendo poca acqua se necessario.

Spolverate con il pangrattato e le mandorle, fate andare ancora 2 minuti e servite.

Ecco una variante: invece di saltarli in padella, condite i bucatini a strati in una pirofila, spolverate di pangrattato e mandorle, infine passate in forno a prendere colore.

RIGATONI AL RAGÙ DI PEPERONI E SEDANO

Il peperone rappresenta l'estate più di ogni altra verdura. Il sedano, invece, è il re dell'orto: è un ortaggio e anche un'erba aromatica. Quello da taglio è il re del soffritto, del brodo, del minestrone; quello da costa è il re del pinzimonio, delle insalate e di innumerevoli piatti gustosissimi, anche molto elaborati. In questo sugo, il sedano contrasta la dolcezza del peperone con il suo gusto sapido e pungente. Io di solito utilizzo anche le foglie che hanno un aroma molto intenso.

Pulite i peperoni e tagliateli a striscioline, tagliate il sedano a fettine sottili e tritate grossolanamente un po' delle sue foglie.

Buttate tutto in una grossa padella con olio di oliva e fate rosolare a fuoco lento insieme all'aglio schiacciato.

Quando le verdure sono ben appassite, aggiungete i pomodori a dadini, regolate di sale e cuocete ancora per una decina di minuti.

Scolate la pasta al dente e fatela saltare nella padella con il ragù di verdure per qualche minuto, aggiungendo una bella macinata di pepe e poca acqua di cottura, se necessario.

Qui il peperoncino aggiungerebbe una nota vivace, ci starebbe benissimo!

400 g di rigatoni
4 peperoni rossi e gialli
1 sedano piccolo comprese le foglie
8 pomodori perini maturi
1 spicchio di aglio
olio extravergine di oliva
sale e pepe

PER 4 PERSONE

SPAGHETTI
CON IL FRULLATO DI POMODORO

Sembra incredibile che si debba arrivare fino all'Ottocento, prima che il pomodoro entri nell'uso gastronomico popolare. Il mondo senza pomodoro, io proprio non riesco a concepirlo. Ho tirato su tre figli con la salsa di pomodoro che i miei producono tutti gli anni; da bambini la mettevano addirittura cruda sulla pasta con un filo d'olio per quanto era buona e qualche volta la bevevano anche. Così anche per le merende d'estate, il pane e pomodoro era il mio preferito e poi è stato anche il loro: non avevano scelta. Per me è un fatto di cultura; non sopporto l'uso nordico di condire la pasta con tre cucchiaiate di sugo, quelle pastasciutte "rosa" mi fanno tristezza. La pasta con il pomodoro deve essere bella rossa e lasciare sul fondo del piatto qualcosa da tirar su con il pane. Questo sugo è proprio un frullato, si butta tutto dentro e si frulla finché non è ben emulsionato, mentre la pasta cuoce.

PER 4 PERSONE

400 g di spaghetti

1 kg di pomodori maturi San Marzano (o fiorentini)

1 ciuffo di basilico

1 spicchio di aglio

olio extravergine di oliva

un pezzetto di peperoncino (o di peperone verde)

sale

Mettete nel frullatore i pomodori spezzettati, qualche foglia di basilico, il peperoncino, il sale e olio abbondante. Azionate il frullatore alla massima velocità e fatelo andare finché non ottenete una bella salsa rossa. Versatela in una terrina e aggiungete lo spicchio d'aglio intero.

Scolate la pasta al dente e buttatela dentro al frullato di pomodoro, girate bene, aggiungete qualche altra foglia di basilico spezzettato e ancora olio.

Eliminate lo spicchio di aglio e servite.

Il frullato di pomodoro viene molto bene se usate il classico frullatore, quello con il bicchierone e i coltelli piccoli.
Va comunque bene un robot da cucina qualsiasi, anche se la salsa risulterà meno emulsionata.

TIELLA DI PATATE, POMODORI E RISO

La tiella di riso alla barese è un piatto unico, e anche in questa versione vegana risulta molto sostanziosa e saporita. Mia madre ce la faceva così, senza le cozze, probabilmente perché le sembrava più leggera ed era meno laboriosa. Anche nella ricetta tradizionale è previsto l'uso delle zucchine e ci stanno molto bene davvero. È essenziale tagliare patate e cipolle molto sottili o resteranno crude e sarà un disastro. Qualcuno usa sbollentare le patate prima di comporre la tiella, ma non penso che sia una buona idea: il gusto cambia di sicuro.

PER 4 PERSONE

500 g di patate
500 g di pomodori perini
300 g di riso superfino
3 zucchine
1 grossa cipolla di Tropea
1 spicchio di aglio
un ciuffo di prezzemolo
2 cucchiai di mollica di pane raffermo grattugiata
olio extravergine di oliva
sale e pepe

Sbucciate le patate, tagliatele a fette sottilissime con la mandolina e mettetele nell'acqua.

Tagliate anche la cipolla molto sottile e le zucchine a rondelle. Tritate insieme aglio e prezzemolo.

Sciacquate il riso per togliere l'amido.

Ungete leggermente il fondo di una teglia da forno, quindi fate un primo strato di cipolle, poi di pomodori tagliati a fettine; spolverate di prezzemolo e aglio, poi continuate con patate e zucchine, spolverate di sale e pepe, irrorate con un filo d'olio. Coprite con il riso e una spolverata di trito di prezzemolo, di nuovo sale e pepe.

Fate un altro strato di cipolle, pomodori e odori, poi patate e zucchine, infine pomodori.

Spolverate con la mollica di pane, poi coprite d'acqua fredda a filo e irrorate generosamente con l'olio di oliva.

Regolate di sale e passate in forno a 200 °C per circa 45 minuti.

La tiella si mangia tiepida, appena il riso raffreddandosi ha "tirato un po'" e quindi rimane più compatta quando la servite.

MELANZANE
A COTOLETTA

In casa mia tutto quello che è impanato è detto "a cotoletta" e c'è sempre un motivo per aggiungere due cotolette al menù della giornata. Si fanno per i bambini o per gli ospiti che non si conoscono bene, perché le cose impanate e fritte piacciono a tutti, oppure quando si teme che il cibo non basti. La cotoletta è sempre perfetta, si frigge in un attimo, calda o fredda che sia, per pranzi serviti o a buffet, seduti o in piedi, per picnic. Inoltre queste melanzane "a cotoletta" sono perfette anche per un bell'aperitivo all'aperto, si mangiano con le mani e, se sono fritte come si deve, non vi ungeranno le dita.

Stemperate la farina con l'acqua necessaria a ottenere una pastella piuttosto fluida e aggiungete un pizzico di sale.

Tagliate le melanzane a fette orizzontali alte un dito e salatele leggermente.

Passatele prima nella pastella, poi nel pangrattato, pressandolo bene con le dita per farlo aderire.

Friggete le fette di melanzane impanate in olio abbondante e tiratele su con un ragno, quando sono ben dorate.

Fatele asciugare su carta da cucina, poi servitele con una spolverata di sale.

Di certo saprete che la melanzana è ottima anche soltanto passata nella pastella e fritta.

2 melanzane ovali
100 g di farina
acqua fredda
pangrattato
olio di arachidi per friggere
sale

PER 4 PERSONE

PARMIGIANA
DI MELANZANE E ZUCCHINE

La mia preferita in assoluto. Nella mia famiglia c'è una lunga lista di specialiste della parmigiana e si discute sempre molto delle caratteristiche tipiche della parmigiana di una zia rispetto all'altra, di quella di mia madre rispetto alla mitica parmigiana della nonna, che sempre rimarrà nel nostro cuore. Di sicuro è un piatto meridionale, lasciamo ad altri la disputa circa la sua origine campana o siciliana. Non si sa bene se il nome faccia riferimento alla presenza del parmigiano; io rispetto a questo ho molti dubbi, perché nella mia piccola esperienza ho avuto modo di vedere che nei paesini del Sud fino agli anni Sessanta il parmigiano non ci arrivava proprio o, se c'era, era una cosa abominevole. Più logico pensare che usassero pecorini locali, caciocavalli o provole. Mi piace di più la teoria che collega la parmigiana al termine dialettale "parmiciana", con cui in Sicilia chiamano le stecche di legno delle persiane. E quindi non solo le melanzane ma anche altre verdure, come in questo caso le zucchine, composte a strati con il sugo e infornate.

PER 4 PERSONE

2 grosse melanzane ovali

3 zucchine

400 ml di passata
di pomodoro

qualche foglia di basilico

2 cucchiai di pangrattato

olio di arachidi per friggere

olio extravergine di oliva

sale

Tagliate le melanzane a fette alte ½ cm poi mettetele in uno scolapasta, cospargetele di sale grosso e lasciatele a perdere l'acqua di vegetazione, con un peso sopra, per circa un'ora.

Tagliate le zucchine a fette sottilissime, salatele leggermente e lasciatele riposare per mezz'ora, oppure mettetele ad asciugare al sole.

Fate ritirare il pomodoro in padella con olio, sale e qualche foglia di basilico.

Strizzate tra le mani le melanzane e le zucchine, poi friggetele poche per volta, in olio caldo e abbondante. Tiratele su con un ragno e fatele asciugare su carta da cucina.

Macchiate di sugo il fondo di una pirofila, poi componete la parmigiana a strati, alternando melanzane e zucchine con il sugo. Finite con una spolverata di pangrattato e qualche foglia di basilico, poi passatela in forno a 200 °C finché non si forma una bella crosta dorata, per circa 25-30 minuti.

Non fatevi convincere a grigliare le verdure invece di friggerle: può darsi che l'insieme alla fine sia buono, ma non chiamatelo parmigiana.
Io metto le melanzane sotto sale, non a perdere l'amaro (oggi, non tutte sono poi così amare), ma perché così assorbono meno olio in frittura.

MELANZANE
ALLA DIAVOLA

Le chiamo così perché il termine dialettale è quasi intraducibile e non rende l'idea della ricetta. Sono indiavolate perché c'è il peperoncino fresco, l'aglio e i capperi, tutti aromi che esaltano il gusto già piccante della melanzana. In questa stagione sono molto apprezzate perché si fanno in un attimo e migliorano se lasciate in frigorifero, quindi si possono preparare con molto anticipo. A me piace mangiarle la mattina, verso le 11, messe dentro un panino, così... fredde di frigo. Sono davvero molto stuzzicanti e appetitose.

Eliminate il peduncolo poi spaccate in due le melanzane per la lunghezza.

Con un coltello affilato fate su ogni metà dei tagli incrociati senza intaccare la buccia, in modo che si formi una specie di griglia.

In una terrina, riducete a dadini i pomodori; aggiungete l'aglio, i capperi sciacquati, il basilico spezzettato, il peperoncino tritato, l'origano, il sale e l'olio.

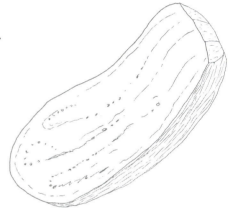

Riempite le melanzane con questi dadini di pomodoro conditi, cercando di farli entrare un po' nei tagli fatti con il coltello.

Disponetele in una teglia a bordi bassi dove stiano strette, quindi versate un dito di acqua, passate un filo d'olio e un pizzico di sale, poi mettetele a cuocere coperte a fuoco dolce.

Ogni tanto pigiate con il dorso di una forchetta per far entrare meglio il pomodoro, via via che la melanzana si ammorbidisce. Se il pomodoro cade, rimettetelo sulla melanzana con un cucchiaio.

Sono pronte quando sono tenere e l'acqua è completamente assorbita: ci vogliono circa 25 minuti.

Le melanzane alla diavola vengono benissimo anche cotte in forno a 200 °C.

4 piccole melanzane lunghe
10 pomodori perini maturi
½ spicchio di aglio tritato
1 cucchiaio di capperini
sotto sale
qualche foglia di basilico
un pizzico di origano
olio extravergine di oliva
peperoncino fresco
sale

PER 4 PERSONE

GRAN
FRITTO MISTO

Ecco le buone regole della frittura casalinga. Scegliete una padella, non troppo grande e dai bordi alti, di un metallo che sia un buon conduttore di calore. Io continuo a usare quella di ferro anche se è difficile da pulire e tende ad arrugginirsi. Riempitela di olio, almeno per metà, e cominciate a friggere solo quando ha raggiunto una temperatura di 170-180 °C, e cioè quando un pezzettino di cibo immerso nell'olio ritorna subito a galla sfrigolando e prima che l'olio cominci a fumare. Friggete pochi pezzi per volta per non abbassare la temperatura dell'olio e tirateli su con un ragno, senza bucarli mai. Asciugate la frittura su carta da cucina e non copritela mai finché è calda: si formerebbe una condensa che la ammorbidirebbe. Cercate di buttare in padella porzioni della stessa misura, e mai salare prima di friggere! Scegliete fra olio extravergine di oliva o di semi di arachide. L'olio di oliva ha un punto di fumo più alto, e questo è bene, ma ha un gusto forte e costa tanto; l'olio di arachidi invece non lascia sapore.

PER 4 PERSONE

verdure di stagione come:
1 melanzana ovale
2 zucchine
8 fiori di zucca
4 grappoli di pomodori ciliegini
1 cipolla di Tropea
10 foglie di salvia gigante

150 g di farina

acqua frizzante

olio di arachidi per friggere

sale e pepe

Stemperate la farina con l'acqua frizzante sufficiente a ottenere una pastella piuttosto fluida, senza girare troppo; salate, aggiungete una macinata di pepe, se vi piace, quindi lasciatela a riposare in frigorifero per un'oretta.

Tagliate le melanzane a fette orizzontali alte ½ cm, la cipolla ad anelli, le zucchine a bastoncini; preparate 4 grappoletti da 3-4 ciliegini, pulite i fiori di zucca eliminando il pistillo dall'interno.

Tuffate le verdure, compresa la salvia, nella pastella, poi buttatele nell'olio caldo, poche per volta, girandole una volta sola.
Tiratele su con un ragno e passatele su carta da cucina a perdere l'olio in eccesso.

Servite le verdure fritte caldissime, spolverate di sale.

Un altro buon sistema è passare velocemente le verdure un po' umide nella farina e buttarle nell'olio: vengono fantastiche e leggere, ma non funziona con i ciliegini.

ZUCCHINE TONDE RIPIENE

Sceglietele non troppo grandi, altrimenti non sapranno di nulla, e che siano fresche, con la polpa compatta e soda, perché se no sono amare. Le zucchine tonde, quando sono appena nate e hanno ancora il fiore attaccato, sono buonissime anche solo saltate in padella. Per scavarle, utilizzate la punta di un cucchiaino che gira in tondo più facilmente. Io preferisco riempirle senza farle sbollentare prima, come fanno in molti (certo in quel modo cuociono più velocemente, ma perdono in sapore). Le zucchine ripiene sono molto buone anche fredde, anzi direi che è meglio mangiarle almeno tiepide, sono molto più saporite.

PER 4 PERSONE

4 zucchine tonde

50 g di mollica di pane raffermo grattugiata

un pugno di olive nostrali senza nocciolo

½ spicchio di aglio tritato finissimo

un ciuffo di prezzemolo tritato

100 ml di passata di pomodoro

olio extravergine di oliva

sale e pepe

Tagliate le estremità poi dividete le zucchine in due per la larghezza.

Scavatele utilizzando un cucchiaino, facendo attenzione a non bucare il fondo, e tenete da parte la polpa.

Fate ritirare il pomodoro in padella sul fuoco con poco olio e un pizzico di sale.

In una terrina mescolate metà della polpa di zucchina tritata, la mollica grattugiata, le olive tritate, l'aglio, sale, pepe e un filo d'olio.

Salate le zucchine, conditele con una goccia d'olio e riempitele con il miscuglio di mollica. Sistematele in una teglia a bordi bassi dove stiano piuttosto strette, quindi distribuite la salsa di pomodoro su ogni zucchina e poi versate un dito d'acqua tiepida e poco olio sul fondo della teglia.

Cuocetele su fuoco dolce e coperte, finché non diventano tenere e il pane del ripieno non si è gonfiato.

Io preferisco cuocerle sul gas, ma vengono molto bene anche in forno. Mentre cuociono, ogni tanto irroratele con il liquido di fondo, prendendolo con un cucchiaio.

PATATE
RAGANATE

Qui siamo in Basilicata e questa strana parola, "raganate", vuol dire soltanto che le patate sono profumate con l'origano spettacolare che cresce spontaneo da quelle parti. L'origano, splendore della montagna (dal greco *óros*/montagna e *gános*/splendore) è un'erba magica: rende appetitosi anche i piatti più semplici e le verdure, anche le meno saporite, prendono carattere. Si raccoglie da giugno ad agosto, quando è al massimo della fioritura, nelle zone sassose e riarse di Calabria, Sicilia e Basilicata. Io uso soltanto l'origano dell'Aspromonte; me lo procura una signora che lo raccoglie insieme ai suoi figli, in posti di cui mantiene il segreto molto gelosamente.

Sbucciate le patate, poi tagliatele a fette sottili e mettetele nell'acqua fredda, tagliate i pomodori a fette orizzontali di 1 cm circa.

Ungete leggermente la placca del forno e disponetevi le patate e i pomodori alternati e leggermente sovrapposti.

Conditeli con l'aglio tritato, l'origano, sale e pepe.

Passate un filo d'olio e infornate a 180 °C finché le verdure non sono cotte e belle arrosticciate: ci vorranno circa 20 minuti.

Al posto dell'aglio, potete mettere fette sottili di cipolla rossa, alternate alle patate.

4 grosse patate
4 pomodori tondi maturi
½ spicchio di aglio tritato
origano selvatico
olio extravergine di oliva
sale e pepe

PER 4 PERSONE

PEPERONI
IMBOTTITI DI VERDURE

Nella cucina tradizionale del Sud, le verdure imbottite di solito sono riempite di mollica di pane, olive, capperi e altri aromi mediterranei: ve ne ho già proposta qualcuna. Questi peperoni con le verdure sono un po' diversi, anche se non ho potuto fare a meno di mettere l'origano e il pangrattato. Sceglieteli piuttosto piccoli, in modo che ci sia un giusto equilibrio tra peperone e ripieno. Se li preferite, potete usare i peperoni lunghi tipo il corno di bue.

PER 4 PERSONE

4 peperoni piccoli
1 melanzana piccola
1 zucchina
1 cipolla di Tropea piccola
1 pomodoro maturo
un pizzico di origano
qualche foglia di basilico
2 cucchiai di pangrattato
olio extravergine di oliva
sale e pepe

Tagliate a dadini piccoli la melanzana, la zucchina e la cipolla; fatele saltare in padella con poco olio, finché non diventano un po' dorate, poi salatele.

Tagliate a dadini anche il pomodoro e aggiungetelo alle verdure, insieme al basilico spezzettato, all'origano e a 1 cucchiaio di pangrattato.

Mescolate bene, poi distribuite questo ripieno nei peperoni tagliati a metà, svuotati dei semi e leggermente salati.

Spolverate con il pangrattato, infine cuoceteli in forno a 200 °C, finché non sono teneri e dorati, per circa 25 minuti.

Io ho smesso di proporlo per non sembrare fissata,
ma anche qui il peperoncino ci starebbe proprio bene...

CAPONATA SICILIANA

Voglio andare contro le mode, dicendo che la caponata siciliana non è un antipasto e non è nemmeno un contorno. È nata come secondo, anzi è probabile che fosse un piatto unico, come spesso lo erano gli umidi di verdure della cucina popolare. E, in effetti, è un piatto molto appetitoso e capace di saziarvi se lo accompagnate con del buon pane casereccio. La melanzana in questa ricetta conferma il suo ruolo di ingrediente "forte" nella cucina del Sud e che in estate quasi sostituisce carne e pesce. Nella caponata, storicamente rimpiazza il pesce capone (da cui il nome), considerato molto pregiato e riservato alle tavole dei nobili, che il popolo non poteva permettersi. Questa è la ricetta suggeritami da un amico siciliano.

Tagliate le melanzane a dadini di circa 2-3 cm, poi mettetele in uno scolapasta spolverate di sale grosso e con un peso sopra a perdere l'acqua. Passata un'ora, strizzatele, friggetele in abbondante olio extravergine caldo; tiratele su quando sono ben dorate e mettetele ad asciugare su carta da cucina.

Tagliate il sedano a pezzettini, scottatelo in acqua bollente salata, poi asciugatelo e fatelo soffriggere per qualche minuto in poco olio.

Tirate su il sedano e nello stesso olio soffriggete la cipolla tagliata fine; buttate dentro i capperi ben sciacquati e le olive: fateli andare per qualche minuto, poi aggiungete i pomodori spellati e schiacciati con la forchetta e fate ritirare per una quindicina di minuti.

Aggiungete le melanzane e il sedano e correggete di sale.

Dopo una decina di minuti, spolverate la caponata con lo zucchero e versate l'aceto, poco per volta e assaggiando, per dosare bene l'agrodolce a vostro gusto. Servitela fredda.

800 g di melanzane ovali
400 g di pomodori maturi
4 coste di sedano
1 cipolla
200 g di olive verdi senza nocciolo
2 cucchiai di capperi sotto sale
2 cucchiai di zucchero
1 bicchiere circa di aceto di vino
olio extravergine di oliva
sale

PER 4 PERSONE

Potete aggiungere delle scaglie di mandorla tostate oppure servirla con accanto del cioccolato fondente sciolto a bagnomaria, profumato con una macinata di pepe nero o un pizzico di peperoncino.

CILIEGIE COTTE ALLE SPEZIE

Sono buone e belle e, come tutti i frutti piccoli, racchiudono tante vitamine e sostanze preziose per il corpo. È uno dei rarissimi casi in cui un cibo buonissimo e goloso ti fa anche bene. Purtroppo, tutta questa vitamina A e C non ci salverà dal mal di pancia che è inevitabile quando se ne fa una scorpacciata. Nel quartiere in cui sono cresciuta era sopravvissuto un campo, assediato dai palazzoni, dove c'era un ciliegio. Noi bambini non potevamo resistere al fascino delle ciliegie mangiate sull'albero; perciò scavalcavamo il cancello e andavamo a rubarle anche se ogni tanto il contadino ci beccava e ci correva dietro con un bastone, probabilmente sorridendo sotto i baffi. Le ciliegie cotte, anche solo con lo zucchero, sono una vera prelibatezza. Io ne preparo in quantità: le tengo in frigorifero pronte e le mettiamo anche nello yogurt la mattina.

PER 4 PERSONE

500 g di ciliegie

100 g di zucchero di canna

1 bicchiere di vino rosso corposo

un pezzetto di stecca di cannella

1 chiodo di garofano

qualche grano di pepe nero

Fate bollire il vino con lo zucchero e le spezie per una decina di minuti, poi buttate dentro le ciliegie, con il nocciolo e il gambo oppure senza, è lo stesso.

Lasciate andare a fuoco lento finché le ciliegie non cambiano colore e sono un po' appassite, per circa 10 minuti.

Servitele fredde con un po' del loro sughetto, da sole o accompagnate a un buon gelato.

I duroni neri di Vignola sono perfetti per questa ricetta.
Al posto delle spezie potete usare estratto di mandorla oppure un liquore.

BUDINO
DI ALBICOCCHE

I budini sono fra i dolci più facili da convertire alla dieta vegana. Hanno una base importante di frutta e basta sostituire le uova con un altro ingrediente che faccia da legante e magari un po' di lievito al posto delle chiare montate. Usate pure tutta la frutta di stagione che più vi piace. Io ho scelto un classico budino con i biscotti secchi, come si fa in Piemonte, ma senza gli amaretti per ovvie ragioni. È ottimo alla fine del pasto.

PER 4 PERSONE

800 g di albicocche

100 g di zucchero

2 cucchiai di amido di mais

½ cucchiaino di lievito per dolci

100 g di biscotti secchi (più pochi altri per gli stampi)

50 g di mandorle tostate tritate

margarina vegetale per ungere gli stampi

succo di limone

Frullate le albicocche con lo zucchero e un po' di succo di limone perché non si scuriscano.

Mescolate questa polpa con i biscotti secchi sbriciolati, le mandorle, l'amido di mais e il lievito. Amalgamate tutti gli ingredienti senza sbattere troppo.

Ungete con la margarina degli stampi monoporzione, spolverateli con i biscotti secchi sbriciolati tenuti da parte e distribuitevi l'impasto riempiendoli per non più di ⅔.

Cuocete i budini di albicocca a bagnomaria, in forno a 180 °C finché non sono belli gonfi e dorati: ci vorranno circa 40 minuti.

Potete aggiungere scaglie di mandorla tostate per decorare.

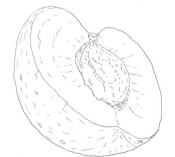

FRUTTA FRITTA

Scusate, avrei dovuto proporre a questo punto una bella macedonia di frutta estiva; ma quella ve la potete sempre fare anche senza le mie indicazioni, magari aggiungendo semi, erbe aromatiche e spezie a vostro gusto, per arricchirla. Io purtroppo non posso stare lontana dalla padella, mio marito dice che l'espressione "siamo fritti" potrebbe essere il nostro motto; perciò in casa mia, anche la frutta estiva si tuffa nella pastella e poi finisce inevitabilmente nell'olio bollente.

Mescolate la farina con lo zucchero, poi stemperatela con il vino e l'acqua frizzante necessari a ottenere una pastella fluida, ma senza mescolare troppo; lasciatela riposare in frigorifero per una mezz'ora.

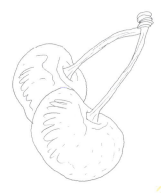

Scegliete delle ciliegie attaccate a due a due per il picciolo, altrimenti legatele voi a coppie o a gruppi di quattro; dividete a metà le susine e le albicocche ed eliminate i noccioli.

Tuffate la frutta nella pastella poi friggetela in olio caldo e abbondante, finché non è ben dorata. Friggete prima le ciliegie, poi le albicocche e le susine per ultime. Asciugate la frutta fritta su carta da cucina, poi servitela così o spolverata di zucchero a velo.

La pastella può essere aromatizzata con la cannella o con un'altra spezia che preferite; a me piace molto con lo zafferano.

16 ciliegie
4 susine
4 albicocche
150 g di farina
½ bicchiere di vino fruttato
acqua frizzante
1 cucchiaino di zucchero
zucchero a velo
olio di arachidi per friggere

PER 6 PERSONE

CROSTATA
DI SUSINE E NOCCIOLE

Io non amo i dolci in modo particolare ma le crostate fatte con la frutta estiva mi piacciono moltissimo, in particolare quelle di susine, che sono un po' aspre e quindi contrastano il gusto dolce. La nocciola va d'accordo con le susine più di ogni altra frutta secca, ma ho provato a metterci le mandorle, che oltre a essere buone fanno anche bene, e la crostata è ottima comunque. Per la frolla alle nocciole, usate le indicazioni che trovate nella sezione delle ricette di base: dovete solo ricordarvi di sostituire 50 g di farina con la stessa quantità di nocciole tostate e macinate frullandole insieme a poco zucchero, così non si "appallano".

PER 4 PERSONE

*1 dose di frolla alle nocciole
(vedi ricette di base)*

700 g di susine stanley

*30 g di nocciole tostate
e macinate*

2 cucchiai di zucchero di canna

scorza grattugiata di limone

*margarina vegetale
e farina per la teglia*

Dividete le susine in due ed eliminate il nocciolo, poi stendetele su una placca foderata di carta forno e spolverizzatele con poco zucchero di canna; passatele sotto al grill del forno al massimo della temperatura per circa 10 minuti, finché non sono un po' appassite.

Stendete la frolla alle nocciole in una tortiera a cerniera di 24 cm di diametro, dopo averla unta e spolverata di farina; formate il bordo della crostata pizzicandolo con le dita, poi bucherellate il fondo con i rebbi di una forchetta.

Disponete le susine sul fondo, spolverate con lo zucchero di canna, le nocciole macinate e un po' di scorza grattugiata di limone, poi passate in forno a 180 °C , finché i bordi della crostata non sono ben dorati e le susine caramellate: occorreranno circa 25 minuti.

Le susine stanley sono fra le più adatte alla cottura perché contengono poca acqua. Potete anche metterle crude sulla torta, in quel caso distribuite sul fondo qualche biscotto sbriciolato per assorbire il liquido che si forma.

JELU I MILUNI
OVVERO GELO DI COCOMERO

In Sicilia il cocomero lo chiamano "mellone" (o melone), abbreviazione di "melone d'acqua", il termine usato nel Meridione per distinguerlo dal "melone di pane", cioè quello bianco o arancione, detto semplicemente melone in tutta l'Italia. Io lo chiamo cocomero se sono a Firenze, "zipangulu" se sono in Calabria. È il frutto dell'estate per eccellenza: rinfresca, disseta, non appesantisce se lo mangiate lontano dai pasti. Il gelo di melone è una specialità che a Palermo preparano per il giorno di Ferragosto e per tutta la stagione di raccolta del "miluni", ma si trova anche in altre zone della Sicilia con piccole varianti.

Frullate il cocomero, passatelo al setaccio per togliere i semi, quindi mettetelo in una pentola.

Sciogliete l'amido in poco succo di cocomero e incorporatelo al resto, insieme allo zucchero, sbattendo con una frusta per evitare grumi.

Mettete la pentola su fuoco dolce e portate a ebollizione; continuate a girare con un cucchiaio di legno per 2 minuti, poi levate dal fuoco e lasciate raffreddare.

Aggiungete la zuccata a dadini e poi le scaglie di cioccolato e i pistacchi tritati (tenetene un po' da parte per la guarnizione); distribuite questo composto in coppette o in stampini monoporzione leggermente bagnati, quindi passateli in frigo a raffreddare per 5-6 ore.

Se avete usato gli stampi, rovesciateli sui piattini da portata.

Guarnite con il resto delle scaglie di cioccolato e dei pistacchi tritati.

Potete aggiungere qualche cucchiaio di acqua di gelsomino e poi usare dei fiori per guarnire.
La zuccata, che è un ingrediente di questa ricetta, è una specie di zucca candita tipicamente siciliana. Si fa anche con le bucce di cocomero.

1 kg di polpa di cocomero
100 g di zucchero
80 g di amido di grano (o di mais)
50 g di cioccolato fondente
in scaglie
50 g di zuccata
30 g di pistacchi tostati

PER 4 PERSONE

AUTUNNO

CROSTINI D'AUTUNNO

PER 4 PERSONE

Bocconi croccanti e appetitosi, proposti qui come antipasto ma che è facile immaginare anche come spuntino insieme a un buon bicchiere di vino rosso. Polenta e funghi sono un classico di stagione, sceglieteli tra quelli che più vi piacciono: chiodini, finferli, porcini, champignon. I fagioli in Toscana stanno spesso con la salvia, io ho solo pensato di farla diventare croccante; e il pane carasau, sottile e fragrante, "arriva" dalla Barbagia per accogliere la trevigiana caramellata che si è addolcita con la cipolla. Un vero guazzabuglio gastronomico, ma il risultato è fantastico.

POLENTA GRIGLIATA CON FUNGATA

4 fette di polenta
200 g di funghi misti
1 spicchio di aglio
un ciuffo di prezzemolo
un rametto di nepitella
olio extravergine di oliva
sale e pepe

Mettete tutto insieme in una padella con poco olio: i funghi (spezzettate quelli più grossi), lo spicchio d'aglio schiacciato, qualche foglia di prezzemolo e un rametto di nepitella, se ce l'avete. Fate cuocere coperto per circa 15 minuti, finché non si è assorbita completamente l'acqua di vegetazione dei funghi, quindi regolate di sale e pepe. Distribuite la fungata sulla polenta grigliata in forno o sulla gratella e completate con del prezzemolo spezzettato.

CROSTINI CON PUREA DI FAGIOLI ALLA SALVIA

Fate scaldare 1 cucchiaio d'olio in un padellino quindi buttateci le foglie di salvia insieme a 1 spicchio di aglio schiacciato e fatele dorare finché non diventano croccanti. Eliminate l'aglio e aggiungete la salvia ai fagioli ridotti in purea, tenendo da parte qualche foglia per guarnire i crostini. Regolate di sale e pepe. Spalmate la purea di fagioli sulle fette di pane tostato, guarnite con le foglie di salvia croccanti, un filo d'olio crudo e pepe macinato al momento.

4 fette di pane integrale
200 g di fagioli bianchi già cotti
qualche foglia di salvia
olio extravergine di oliva
sale e pepe

PANE CARASAU CON CIPOLLA E RADICCHIO CARAMELLATI

4 pezzi di pane carasau (circa 100 g)
1 cespo di radicchio rosso di Treviso (meglio tardivo)
1 piccola cipolla di Tropea
1 cucchiaino di zucchero di canna
2 cucchiai circa di aceto di vino rosso
olio extravergine di oliva
sale e pepe

Scaldate poco olio in una padella e fateci rosolare la cipolla tagliata a filetti per qualche minuto, poi aggiungete il radicchio spezzettato. Fate andare a fuoco vivace girando spesso finché il tutto non è leggermente appassito, ma ancora croccante: per circa 10 minuti. Aggiungete lo zucchero e l'aceto e girate bene. Cuocete ancora qualche minuto per far evaporare l'aceto e caramellare le verdure, quindi assaggiate per sentire se l'agrodolce è di vostro gusto, altrimenti correggetelo con un po' più di zucchero o di aceto. Lasciate intiepidire, distribuite sul pane carasau spezzato con le mani e servite.

PEPERONI
CON L'UVA E IL ROSMARINO

L'ideale sarebbe poter usare quei peperoni a forma di cuore che a fine settembre in Calabria si trovano ancora in grandi quantità. Sono carnosi, croccanti e molto profumati, e sono perfetti anche da riempire, oppure da mangiare crudi. Mia zia Saruzza usava inciderne uno lungo il picciolo per staccare i semi e ricavare così una specie di scodellina nella quale metteva un bel pizzico di sale e abbondante olio di oliva; ne faceva cadere poco per volta sul pane, e poi dava un morso al pane e uno al peperone. Per me era la merenda più buona al mondo. Sarà perché sono cresciuta a Firenze, dove uva e rosmarino sono gli ingredienti di un dolce tradizionale della vendemmia, che mi è venuto naturale metterli insieme e insaporirli con la cipolla di Tropea che è un vanto della mia regione.

PER 4 PERSONE

800 g di peperoni
1 grappolo di uva bianca
1 cipolla di Tropea
un rametto di rosmarino fresco
olio extravergine di oliva
sale e pepe

In una teglia da forno mettete i peperoni tagliati a losanghe, la cipolla tagliata a filetti e i chicchi di uva interi; aggiungete il rosmarino, un filo d'olio, sale e pepe macinato al momento. Mescolate bene con le mani in modo che il tutto sia ben condito, quindi passate la teglia in forno a 200 °C per circa 20 minuti, girando solo una volta con un cucchiaio di legno.

I peperoni devono essere arrosticciati e l'uva ancora intera.

Questi peperoni sono buonissimi anche freddi o sul pane. Quel contrasto delizioso fra la dolcezza dell'uva e il gusto piccante dei peperoni diventa più intenso.

CALZONCINI CON LA SCAROLA

Cercate di usare una scarola molto verde: è più dura, ma molto più saporita e adatta alla cottura. Ci vorrebbe quella del contadino, legata con il filo di salice per farla imbianchire solo al cuore, davvero molto terrosa e piena di animaletti della campagna. La troverete facilmente sui banchi dei mercatini rionali, dove i contadini degli orti urbani vengono quotidianamente a vendere le loro verdure appena colte. La scarola chiusa nella pasta di pane è un classico del Sud; la più famosa è la focaccia alla messinese, ma anche questi calzoni un po' piccanti non sono niente male. Provateli e poi mi direte!

Prima di tutto "affogate" la scarola.
In una padella fate scaldare leggermente l'olio, poi buttateci la scarola spezzettata e tutti gli altri ingredienti. Fatela saltare a fuoco vivace finché non è appena appassita e ben asciutta ma ancora croccante, quindi tenetela da parte.

Su un piano infarinato stendete la pasta a uno spessore di pochi millimetri. Ricavatene dei dischi di una ventina di centimetri di diametro e sistemate al centro di ognuno una dose di scarola affogata. Ripiegate i dischi sulla verdura e sigillate bene i bordi rigirandoli leggermente su se stessi e pigiando bene con le dita.

Sistemateli su una placca leggermente unta, poi passateli nel forno già caldo al massimo della temperatura finché non sono belli coloriti: ci vorranno circa 20 minuti.

Se i dischi di pasta li fate un po' più piccoli (di 10 cm di diametro), i calzoncini potete anche friggerli.

1 dose di pasta per pizza
(vedi ricette di base)

800 g di scarola

un pugno di olive in salamoia
senza nocciolo

un ciuffo di prezzemolo

olio extravergine di oliva

sale e pepe

PER 4 PERSONE

INSALATA DI PORTUALLE
OVVERO DI ARANCE

Non è altro che un insalata di arance e finocchi: in Sicilia le "portualle" sono le arance. Termini dialettali con la stessa radice li troviamo anche in altre regioni, non solo del Sud; perfino nel dialetto piemontese si usa un termine molto simile per indicare l'arancia. Il che ci riporta alle origini storiche della coltivazione nel Mediterraneo di questo frutto, la cui diffusione dalla Cina avvenne ad opera dei marinai portoghesi, da cui il nome dialettale. È noto che gli agrumi sono buonissimi conditi, pensate anche all'abitudine dei nostri nonni di mangiare il limone con il sale che lo addolcisce.

Pelate a vivo le arance cercando di togliere completamente la pellicina bianca, che è amara; dividetele a metà nel senso della lunghezza e poi tagliatele a fettine sottili.

In un' insalatiera mescolate le arance con i finocchi tagliati con la mandolina, la cipollina affettata fine, le olive e il prezzemolo spezzettato.

Condite con olio, sale e una macinata di pepe; poi girate bene e servite.

Potete usare anche delle arance bionde, tipo navelina o washington, purché siano fresche e succose.

2 arance sanguinelle
2 finocchi
un pugno di olive
1 cipollina fresca
un ciuffo di prezzemolo
olio extravergine di oliva
sale e pepe

PER 4 PERSONE

INSALATA
DI INDIVIA, PERE E NOCI

Così bianca e tenera, perché la fanno crescere al buio, ma al tempo stesso croccante, l'indivia belga viene spesso servita cotta al forno o gratinata. È ottima anche in insalata, ha un gusto leggermente amarognolo e per questo si sposa bene con la frutta. Le noci aggiungono una nota leggermente piccante e un buon apporto di sostanze preziose dal punto di vista nutrizionale. Nell'alimentazione vegana la frutta secca viene spesso aggiunta nelle insalate proprio in quanto fonte di energia e di elementi nutritivi importanti, quali minerali e vitamine.

PER 4 PERSONE

4 cespi di indivia belga
2 pere abate mature
il succo di 1 limone
30 g di gherigli di noce
alcune foglioline di timo
olio extravergine di oliva
sale e pepe

Lavate e asciugate la belga, separate le foglie e tagliatele a striscioline piuttosto irregolari.

Lavate le pere, dividetele a metà nel senso della lunghezza senza sbucciarle, quindi ricavate delle fettine sottili e spruzzatele con il succo di limone perché non anneriscano.

In un'insalatiera mettete insieme la belga e le pere, aggiungete le noci spezzettate e il timo. Condite con l'olio, il sale e una bella macinata di pepe. Girate bene e servite.

Le foglie di belga hanno una bellissima forma e sono piuttosto resistenti, potete quindi usarle come "vassoietti mangiatutto" per servire dadolate di verdure e frutta ben condite.

CECINA
CON LE CIPOLLE

Comunque la si chiami, cecina, farinata, torta di ceci, di regione in regione la ricetta è sempre acqua e farina di ceci, cotta in forno in uno strato sottile che spesso diventa croccante. A Livorno, la mettono nel pane e la chiamano "5 e 5" perché, un tempo, 5 centesimi costava il pane e 5 la torta di ceci. Provate questa versione più guarnita, davvero molto saporita; e ricordatevi che la cecina va mangiata bollente.

PER 4 PERSONE

200 g di farina di ceci

750 ml circa di acqua

2 cipolle di Tropea

qualche rametto di timo

olio di arachidi per friggere e per ungere la teglia

2 cucchiai di olio extravergine di oliva

sale e pepe

In una terrina stemperate la farina di ceci con l'acqua fredda, facendovela cadere a poco a poco e sbattendo con una frusta in modo che non si formino grumi. Aggiungete l'olio e un pizzico di sale, quindi lasciate riposare per un'oretta, in modo che si dissolva la schiuma che si è formata in superficie.

Intanto sbucciate le cipolle, tagliatele ad anelli e friggetele nell'olio caldo fino a che non sono ben dorate.
Tiratele su con un ragno, lasciatele asciugare su carta da cucina, infine spolveratele con poco sale.

Versate il composto di farina di ceci in una placca leggermente unta, quindi distribuitevi sopra le cipolle fritte e qualche rametto di timo.

Passate la cecina in forno a 200 °C finché non prende un bel colore dorato: ci vorranno circa 25 minuti.

Servitela con una bella macinata di pepe, che ci sta benissimo.

Per arricchire ancor più la cecina, potete aggiungere anche delle olive nostrali senza nocciolo.

INSALATA DI LENTICCHIE ROSSE

Le lenticchie sono molto simpatiche e amate da tutti, per la loro forma che le rende molto piacevoli al palato, ma anche perché tradizionalmente si crede che portino prosperità e denaro. Sono sempre state considerate un legume di pregio e a proposito di questo si racconta spesso la storia biblica di Esaù che vendette al fratello la sua primogenitura nientemeno che per un piatto di lenticchie. Come tutti i legumi, sono un alimento importante nella dieta vegana perché sono molto proteiche. Queste rosse non richiedono ammollo, ed essendo decorticate sono molto digeribili. Secondo i più, non sarebbe veramente necessario l'ammollo per una buona cottura di nessuna varietà di lenticchie. E anche io preferisco cucinarle senza metterle prima a bagno, in una pentola con molta acqua e a fuoco lento, magari con qualche verdura, come cipolla e carota, per dare profumo. Anche i funghi compaiono spesso nei piatti della cucina vegana perché contengono una buona quantità di vitamine del gruppo B.

PER 4 PERSONE

250 g di lenticchie rosse

200 g di funghi champignon puliti

200 g di spinaci baby

1 spicchio di aglio

½ cucchiaino
di senape di Digione

olio extravergine di oliva

sale e pepe
(o peperoncino in polvere)

Lessate le lenticchie in acqua bollente salata finché non diventano tenere ma ancora intere, poi scolatele.

In una padella con poco olio fate saltare i funghi tagliati a fettine, insieme a 1 spicchio di aglio schiacciato, sale e pepe; tenete il fuoco piuttosto alto e girate spesso in modo che i funghi non facciano acqua. Toglieteli dal fuoco ancora croccanti e lasciateli intiepidire.

In un'insalatiera, mescolate insieme le lenticchie, i funghi e gli spinaci ben lavati e asciugati. Regolate di sale e infine condite con poco olio di oliva sbattuto insieme alla senape e a una spolverata di pepe macinato al momento o a un pizzico di peperoncino, se vi piace di più.

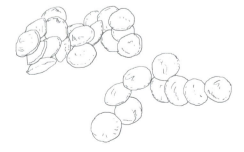

Per evitare che i funghi facciano troppa acqua, aggiungeteli nella padella in due o tre volte.

ZUCCA AL FORNO ALLE ERBE AROMATICHE

La zucca gialla, che di solito è dolce e un po' troppo delicata, cotta in questo modo diventa un piatto molto stuzzicante. Diciamo che questa ricetta è l'altra faccia della zucca, proprio tutta un'altra cosa rispetto ai risotti con la zucca barucca che fanno in Lombardia o ai ravioli mantovani, nei quali la dolcezza della zucca è enfatizzata dagli amaretti. Ve la propongo saporita e piccante come la cuciniamo al Sud: un piatto vivace e appetitoso. Potete usare la classica mantovana, la moscata di Provenza, la butternut o la zucca lunga che è meno dolce. Scegliete delle erbe aromatiche fresche.

Tagliate a pezzi la zucca lavata e asciugata, quindi riducetela a fettine sottili, senza sbucciarla (specialmente se usate la zucca lunga che ha una buccia sottile). Sistemate le fette, leggermente sovrapposte, in una placca da forno unta.

Tritate le erbe aromatiche insieme all'aglio, mescolatevi la mollica di pane e il peperoncino, poi distribuite tutto sulla zucca.

Condite con un filo d'olio, una spolverata di sale e pepe macinato al momento.

Passate la zucca in forno già caldo a 200 °C finché non diventa ben dorata e croccante ai bordi, per circa 25 minuti.

Provate anche ad alternare la zucca con delle patate tagliate a fette sottili.

800 g di zucca gialla

erbe aromatiche miste: rosmarino, salvia, timo prezzemolo

1 spicchio di aglio

50 g di mollica di pane raffermo grattugiata

olio extravergine di oliva

peperoncino in polvere

sale e pepe

PER 4 PERSONE

SFOGLIATA DI PORRI

Usiamo finalmente una ricetta sostitutiva vegana, e cioè la besciamella preparata con la margarina vegetale e il latte di soia o di riso. Devo dire che non è per
niente male, anche senza burro e latte vaccino conserva una buona consistenza e un ottimo gusto. La pasta sfoglia completamente vegetale la trovate già
pronta anche al supermercato, oppure potete prepararla da soli seguendo le
indicazioni che trovate nella sezione ricette di base.

PER 4 PERSONE

*1 rotolo di pasta sfoglia
vegetale già pronta
(oppure 250 g preparata in casa
come da ricette di base)*

3 porri

*1 dose di besciamella
(vedi ricette di base)*

*un pezzetto di margarina
vegetale*

noce moscata

olio extravergine di oliva

sale e pepe

Tagliate i porri a rondelle sottili, compresa un po' della parte verde.
Fateli saltare in una padella con poco olio finché non appassiscono,
quindi salateli e teneteli da parte.

Preparate la besciamella seguendo il procedimento descritto nelle
ricette di base.

Stendete la pasta sfoglia in una teglia foderata di carta forno,
bucatela con i rebbi di una forchetta, quindi distribuitevi i porri e
copriteli con la besciamella. Ripiegate un pochino il bordo della
pasta su se stesso in modo da creare una specie di cordoncino.

Completate con una grattata di noce moscata, una macinata
di pepe, qualche fiocchetto di margarina vegetale, quindi passate
in forno a 220 °C finché la sfogliata non è gonfia e dorata, per circa
30 minuti.

Usate anche altre verdure di stagione, come finocchi, cavolfiore, cardi, carote.

CREMA DI ZUCCA E PATATE CON LE CASTAGNE

Un piatto decisamente nordico, che rimanda alla cucina veneta, con in più un leggero profumo di Toscana dato dalle castagne "bruciate" che lo guarniscono e dall'olio extravergine di oliva aggiunto a crudo prima di servire. Dalle mie parti la zucca si chiama "cucuzza" e in passato veniva coltivata, soprattutto quella lunga, per darla in pasto ai maiali insieme agli avanzi di casa. Oggi è molto apprezzata un po' ovunque. Le zucche intere si conservano per diversi mesi, purché la buccia sia integra e il picciolo ancora ben attaccato; siccome sono anche molto belle, quando le raccolgo nel mio orto ne lascio sempre una sulla credenza, anche fino a Natale. E quando finalmente decido di cucinarla, la trovo sempre ottima e ancora profumata.

Tagliate a rondelle il porro, compresa la parte verde, e fatelo appassire in una pentola con poco olio e un pizzico di sale; lasciatelo cuocere coperto per una decina di minuti.

Aggiungete le patate e la zucca tagliate a dadini, fate insaporire qualche minuto e poi versate circa 1 litro di acqua calda.

Regolate di sale e pepe, portate a bollore, quindi lasciate cuocere coperto a fuoco lento finché le verdure non sono quasi sfatte e il liquido un po' evaporato: ci vorranno circa 30 minuti.

Intanto, intaccate le castagne con un coltellino e cuocetele in forno a 200 °C finché non sono morbide dentro e un po' bruciacchiate fuori.

Con un frullatore a immersione, riducete in crema la zuppa insieme alla panna vegetale, se pensate di aggiungerla, poi portate a bollore e quindi levate dal fuoco.

Distribuite la crema di zucca nei piatti; infine, servitela guarnita con le castagne sbucciate e spezzettate e un filo d'olio.

500 g di zucca gialla sbucciata (lunga o moscata di Provenza)

1 grossa patata

1 porro

10 castagne circa

2 cucchiai di panna vegetale (facoltativo)

olio extravergine di oliva

sale e pepe

PER 4 PERSONE

In Toscana le caldarroste si chiamano "bruciate", pronunciato con la c aspiratissima; le castagne bollite con il finocchio selvatico sono invece le "ballotte".

VELLUTATA DI PORRI

Le vellutate sono una gran cosa: riscaldano, quasi consolano, e ti aiutano a sopportare quelle giornate d'autunno grigie e uggiose. Io personalmente preferisco dare un po' di *verve* con una buona aggiunta del mio peperoncino piccante personale, seccato al sole e poi frullato giusto quel tanto necessario a frantumarne i semi. In questa ricetta ho aggiunto dei semi oleosi misti tostati non per un fatto di moda, ma perché sono ricchi di calcio e di altre sostanze preziosissime: un ottimo integratore per coloro che seguono una dieta vegana.

PER 4 PERSONE

3 porri

3 grosse patate

20 g di semi oleosi misti tostati

olio extravergine di oliva

peperoncino frantumato (facoltativo)

sale e pepe

Tagliate a rondelle i porri (anche la parte verde) e tenetene da parte un po' per la guarnizione. Fateli appassire in una pentola con poco olio e un pizzico di sale e di pepe; poi abbassate il fuoco e cuoceteli coperti per una decina di minuti.

Aggiungete le patate tagliate a dadini, fate insaporire per qualche minuto, poi diluite con circa 1 litro di acqua calda, regolate di sale e portate a bollore. Lasciate sobbollire finché la verdura non è quasi sfatta, quindi riducetela in crema con un frullatore a immersione.

Saltate i porri avanzati in un padellino con poco olio, finché non sono ben dorati.

Servite la vellutata nei piatti, guarnita con i porri dorati, i semi, un pizzico di peperoncino, se vi piace, e un filo d'olio.

Come per la crema di zucca della pagina precedente, al momento di frullare potete aggiungere 2 cucchiai di panna vegetale per rendere la vellutata più omogenea.

CARABACCIA FIORENTINA

Come scrive Aldo Santini nel suo libro *La cucina fiorentina*, «La zuppa di cipolle è nostra e guai a chi ce la tocca!». La carabaccia fiorentina sarebbe l'antenata della più nobile e magnificata *soupe aux oignons* e sarebbe anche lei arrivata in Francia con Caterina de' Medici, colei che insegnò ai francesi a mangiare con la forchetta, nonché svariate altre cose di cucina. La ricetta rinascimentale che vi propongo prevede l'uso di zucchero e cannella, che potete tranquillamente omettere se il suo gusto dolce non vi convince.

PER 4 PERSONE

1 kg di cipolle rosse

1 litro circa di brodo vegetale (vedi ricette di base)

100 g di mandorle tritate

1 cucchiaio di zucchero di canna

aceto di vino bianco

cannella in polvere

4 fette di pane casereccio tostato

olio extravergine di oliva

sale e pepe

In una grossa pentola, meglio se di terracotta, fate rosolare brevemente le cipolle tagliate a filetti insieme a 4-5 cucchiai di olio e poco sale; coprite e lasciate cuocere finché non sono ben appassite, quindi aggiungete le mandorle tritate, la cannella, lo zucchero, 1- 2 cucchiai di aceto e girate bene affinché le cipolle si insaporiscano.

Assaggiate per valutare l'equilibrio tra zucchero e aceto, casomai aggiungete un pochino dell'uno o dell'altro per correggere.

Versate il brodo, regolate di sale, poi portate a bollore. Quindi abbassate il fuoco e lasciate cuocere coperto per circa mezz'ora.

Sistemate il pane tostato nei piatti, versateci sopra la zuppa di cipolle e servite con una bella macinata di pepe.

Se non usate lo zucchero e la cannella, eliminate anche l'aceto.
Se al posto dei piatti usate delle pirofiline, potete passarle in forno a gratinare per qualche minuto.

MINESTRA
DI CIME DI RAPA E FAGIOLI

Nella versione originale, quella che faceva mia nonna e poi anche mia madre, la verdura era solo bollita con la pasta e poi mescolata ai fagioli cotti a parte. Uniche aggiunte di sapore, il peperoncino e l'olio del Sud con il suo gusto particolare. In dialetto calabrese questo tipo di minestra si chiama "mangiari maritatu" perché ci sono verdure, fagioli e pasta cotti insieme. Se avanzava, la mattina dopo si faceva una specie di ribollita con del pane raffermo fatto bollire in poca acqua: questa vera leccornia – che si chiama "panata" – si mangiava con un filo d'olio a crudo, tradizionalmente per colazione.

Mettete in una pentola i fagioli ammollati insieme a 1 litro circa di acqua fredda e agli odori; portate a bollore, poi abbassate la fiamma al minimo e lasciate cuocere coperto per circa 2 ore, aggiungendo il sale verso la fine.

Scottate le cime di rapa in una pentola di acqua bollente salata e, quando sono a metà cottura, buttateci gli spaghetti spezzati in due. Scolate il tutto quando la pasta è cotta e aggiungetelo ai fagioli con una piccola parte del loro liquido.

Fate rosolare lo spicchio di aglio schiacciato in un padellino con poco olio, quindi aggiungetelo nella pentola con la minestra.

Portate a bollore per fare insaporire tutto insieme, regolate il sale e la quantità di liquido: deve essere una minestra molto morbida.

Servite con olio a crudo e con il peperoncino prima tostato sulla fiamma del gas finché non si annerisce leggermente e poi frantumato.

Questa minestra viene ancora più saporita se ci mettete dentro verdure miste: rape, scarola e bietole o anche erbe di campo.

200 g di spaghetti
200 g di fagioli bianchi ammollati
odori per lessare i fagioli: sedano, prezzemolo, 1 pomodorino, 1 spicchio di aglio
1 kg di cime di rapa
1 spicchio di aglio schiacciato
olio extravergine di oliva
1 peperoncino secco
sale

PER 4 PERSONE

GNOCCHI DI ZUCCA CON IL SUGO FINTO

Gli gnocchi veramente buoni, quelli che tengono bene la cottura ma si sciolgono in bocca quando li mangi, sono vegani per natura: l'uovo negli gnocchi non si mette, mai! Quindi, tutto sta nella cottura della zucca, nella qualità delle patate che devono essere farinose e nella quantità di farina, per la quale di solito si va a occhio. Il sugo finto è quello classico toscano, ma senza pomodoro.

PER 4 PERSONE

PER GLI GNOCCHI

1 kg di zucca gialla sbucciata

1 kg di patate bianche

200 g circa di farina

sale

PER IL SUGO

1 grossa cipolla di Tropea

1 spicchio di aglio

2 coste di sedano

1 carota

qualche foglia di salvia, un rametto di rosmarino, un ciuffo di prezzemolo

100 g di funghi porcini secchi ammollati

½ bicchiere di vino bianco

olio extravergine di oliva

sale e pepe

Tagliate la zucca a fette alte due dita, quindi passatela in forno a 220 °C per circa 30 minuti, finché non diventa tenera. Lessate le patate e sbucciatele.

Passate le due verdure allo schiacciapatate e mescolate le puree ottenute; quindi cominciate a incorporare la farina, continuando ad aggiungerla a poco a poco finché non avete un composto non appiccicoso, ma ancora morbido.

Preparate il sugo finto.

Fate un battuto con i funghi, le erbe aromatiche e tutti gli odori, passatelo in una larga padella con circa 4-5 cucchiai di olio e lasciatelo appassire a fuoco lento con un pizzico di sale.

Versate il vino bianco e cuocete ancora una ventina di minuti, aggiungendo acqua calda se necessario. Regolate di sale e pepe.

In una pentola con abbondante acqua bollente salata, cuocete gli gnocchi buttando dentro l'impasto di zucca e patate a cucchiaiate, poche per volta; tirateli su con una schiumarola appena vengono a galla e metteteli nella padella con il sugo.

Saltate gli gnocchi per qualche minuto muovendo la padella in modo che si insaporiscano nel sugo, poi serviteli.

Questo sugo profumato è fantastico per condire qualsiasi tipo di pasta!

LASAGNE
AI FUNGHI E CARCIOFI

Non si tratta di una lasagna classica, perché non uso la besciamella. Ho messo le lasagne a strati con funghi e carciofi in abbondanza e le ho passate in forno finché non hanno preso un bel colore. Per questo le lasagne sono appena scottate in acqua bollente e le verdure devono conservare un po' del loro fondo di cottura, perché la pasta si cuocia completamente e rimanga morbida. Del resto la presenza della besciamella, che è tipica della lasagna alla bolognese e della cucina emiliana in generale, scendendo verso Sud si perde completamente.

Scottate le lasagne in abbondante acqua bollente salata, tiratele su con una schiumarola e mettetele ad asciugare su un telo di cotone.

In una padella con poco olio, fate appassire la cipolla tagliata a filetti con 1 spicchio di aglio schiacciato solo qualche minuto, aggiungete i funghi, il prezzemolo, il sale e il pepe. Cuocete per una quindicina di minuti senza far ritirare troppo, aggiungendo acqua tiepida se è necessario.

Pulite i carciofi eliminando le foglie esterne e le punte, quindi tagliateli a fettine sottili.

Saltateli in padella con un po' d'olio, l'altro spicchio d'aglio schiacciato, maggiorana, prezzemolo e poca acqua. Regolate di sale e pepe e fateli cuocere finché non sono teneri e ancora umidi.

In una teglia rettangolare, bagnata con poco fondo di cottura delle verdure, sistemate le lasagne a strati, alternandole con le due verdure e il loro sugo.

Date una leggera spolverata di pangrattato sull'ultimo strato e passate in forno a 200 °C finché non sono ben dorate.

300 g di lasagne
(vedi ricette di base:
pasta fresca)
300 g di funghi misti
6 carciofi
2 spicchi di aglio
1 cipolla
un ciuffo di prezzemolo
maggiorana fresca
pangrattato per spolverare
olio extravergine di oliva
sale e pepe

PER 4 PERSONE

Le accoppiate di verdure per queste lasagne possono variare; vi faccio solo qualche esempio: zucca e radicchio, porri e sedano, carote e finocchi.

FETTUCCE CON IL RADICCHIO TREVIGIANO E LA ZUCCA GIALLA

Ho usato il radicchio rosso di Treviso tardivo, quello dalle foglie lunghe e affusolate, prodotto secondo un disciplinare rigidissimo in una fascia ristretta di comuni della regione Veneto. Potete utilizzare anche altre varietà di radicchio rosso, come il trevigiano precoce o il radicchio di Verona; sono meno pregiati, leggermente più amari e tendono a fare più acqua, ma possono andare bene comunque. È una ricetta squisita e si prepara in un attimo.

PER 4 PERSONE

320 g di fettucce

2 cespi piuttosto grossi
di radicchio rosso di Treviso
tardivo

400 g di zucca gialla
(moscata di Provenza o lunga)

un ciuffo di prezzemolo

olio extravergine di oliva

sale e pepe

Sbucciate la zucca e tagliate la polpa a fettine non troppo sottili e irregolari, quindi fatela andare a fuoco vivace in una padella con poco olio, girando ogni tanto con un cucchiaio di legno, per una quindicina di minuti. Vedrete che parte della zucca rimarrà intera e un po' arrosticciata, mentre quella più sottile si sbriciolerà alquanto.

Pulite il radicchio e tagliatelo alla radice, in modo che le foglie si separino (se preferite, potete anche tagliarle a pezzetti). Saltatelo in una padella abbastanza grande insieme a olio, sale e pepe. Lasciate cuocere a fuoco vivace, girando ogni tanto, finché il radicchio non è dorato ma ancora croccante: ci vorranno circa 15 minuti.

Aggiungete la zucca già cotta, regolate di sale e pepe e fate andare ancora qualche minuto per amalgamare i sapori.

Cuocete le fettucce al dente, quindi tiratele su con un prendispaghetti e passatele nella padella con le verdure.

Fate saltare tutto insieme per qualche minuto, aggiungendo poca acqua di cottura della pasta, se necessario. Completate con qualche foglia di prezzemolo, una macinata di pepe e servite.

Se volete, nella padella dove saltate il radicchio potete aggiungere ½ cipolla di Tropea tagliata a filetti.
Il radicchio tardivo è ottimo anche crudo, condito in insalata con i fagioli bianchi.

CACCIUCCO
DI CECI

Niente a che vedere con il cacciucco alla livornese, ma ugualmente squisito e anche nutriente. È un piatto tipico della cucina toscana che si fa con le bietole, ma alle volte può capitare di buttarci dentro erbe di campo di stagione. La ricetta tradizionale prevede di sciogliere nell'olio di cottura un'acciuga sotto sale; naturalmente non ce l'ho messa e devo dire che il cacciucco è anche più buono. I ceci hanno un gusto deciso che soddisfa il palato e non hanno bisogno di grandi condimenti.

PER 4 PERSONE

500 g di ceci lessati

300 g di bietole

400 g di pomodori pelati

1 cipolla di Tropea

2 spicchi di aglio

4 fette di pane casereccio abbrustolito

olio extravergine di oliva

sale e pepe

Scaldate 3-4 cucchiai di olio in una pentola, fateci rosolare la cipolla tritata e 1 spicchio di aglio schiacciato. Buttate dentro la bietola tagliata grossolanamente e fatela appassire qualche minuto. Aggiungete i pomodori pelati, girate, regolate di sale e pepe e fate andare per una ventina di minuti; aggiungete acqua tiepida se la bietola, cuocendo, non ne ha prodotta a sufficienza.

A questo punto unite i ceci, controllate che ci sia abbastanza liquido per inumidire il pane, altrimenti aggiungete qualche mestolino di acqua tiepida. Infine, lasciate insaporire a fuoco lento ancora per una decina di minuti.

Sfregate le fette di pane con l'aglio, poi sistematele nei piatti e copritele con la zuppa di ceci e bietole.

Servite il cacciucco di ceci caldissimo.

Se preferite un cacciucco più consistente e cremoso, passate 1/3 dei ceci prima di unirli alle verdure.

MACCU DI FAVE CON LA CICORIA

In Calabria, il maccu di fave secche lo preparano aggiungendoci la pasta, mentre in Sicilia lo profumano con il finocchio selvatico. Ma è la Puglia la regione che, secondo me, lo valorizza al meglio mettendoci accanto la cicoria: si crea così un contrasto di sapori veramente appetitoso, perché la cicoria è sempre amara, mentre le fave sono dolci e pastose. La cucina pugliese ha una vocazione particolare per l'impiego delle erbe selvatiche, come la cicoriella che compare in questa ricetta. Ma se non amate andare per campi a raccogliere erbe, andrà benissimo anche la cicoria catalogna.

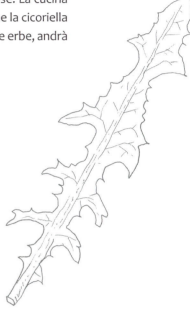

Mettete le fave secche a bagno per 12 ore, in abbondante acqua fredda.

Scolatele, quindi fatele sobbollire in una pentola, coperte di acqua fredda e insieme alla cipolla, finché non saranno quasi sfatte, aggiungendo acqua tiepida se necessario.

Regolate di sale e sbattete con un cucchiaio di legno aggiungendo l'olio a filo, finché le fave non sono ridotte in una purea grossolana.

Servite il maccu accompagnato dalla cicoria appena scottata in acqua bollente salata, il tutto condito con un filo d'olio a crudo. Una macinata di pepe o un pizzico di peperoncino non ci starebbero male.

Per cuocere le fave, usate giusto l'acqua che basta a coprirle altrimenti il maccu risulterà troppo liquido.

PER 4 PERSONE

400 g di fave secche sgusciate

800 g di cicoria selvatica o catalogna

½ cipolla di Tropea

olio extravergine di oliva

sale

pepe o peperoncino (facoltativo)

SPAGHETTI ALLA CARRETTIERA

Vi passo la ricetta più conosciuta in alcune regioni italiane del Centro-Sud, compresa la Toscana. La versione originale però è della Sicilia orientale, precisamente della provincia di Ragusa, e in effetti è tutta un'altra cosa: gli spaghetti si condiscono infatti con aglio crudo, olio, formaggio pecorino e peperoncino. Tradizione vuole che fosse inventata dai carrettieri, che nei loro spostamenti si portavano dietro giusto il necessario a prepararsi il pasto, con ingredienti poco deperibili. Naturalmente, ho eliminato il formaggio pecorino!

PER 4 PERSONE

400 g di spaghetti
400 g di pomodori pelati
4 spicchi di aglio
un bel ciuffo di prezzemolo
olio extravergine di oliva
un pezzetto di peperoncino
sale e pepe

Tritate insieme gran parte del prezzemolo e tutto l'aglio, quindi fatelo imbiondire a fuoco dolce in una padella con 3-4 cucchiai di olio e il peperoncino.

Levatelo un attimo dal fuoco, altrimenti si brucia, per aggiungere i pelati schiacciati, quindi regolate di sale e pepe e lasciate cuocere girando ogni tanto, finché l'olio non comincia a venire in superficie, per una ventina di minuti.

Cuocete la pasta al dente, scolatela e buttatela nella padella con il sugo; fatela saltare qualche minuto poi servitela spolverata di prezzemolo tritato.

Ci starebbe molto bene una bella cucchiaiata di lievito alimentare in scaglie per aggiungere gusto e una nota croccante.

PASTA E CECI

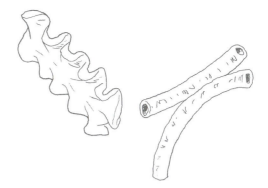

In Calabria la pasta e ceci si usava prepararla per i poveri, il 19 marzo, giorno di san Giuseppe. Mia nonna mi raccontava che un tempo la cuocevano sul fuoco di legna, in grossi calderoni montati all'aperto, utilizzando, oltre ai ceci, gli avanzi di pasta di diverso formato rimasti in fondo alla dispensa; le ragazze più giovani del paese, "le verginelle", andavano a distribuirla di casa in casa e ricevevano in cambio un piccolo regalo. Ancora oggi nei paesi sopravvive l'usanza di scambiarsi la "pasta e ciciari" tra vicini, in onore del santo.

Ammollate i ceci in acqua fredda per 12 ore, poi scolateli e metteteli in una pentola coperti di altra acqua fredda, insieme a tutti gli odori, i pomodori pelati e un filo d'olio.

Lasciateli sobbollire coperti finché non sono teneri, quindi aggiungete il sale quando sono quasi cotti.

Scolate la pasta a metà cottura, unitela nella pentola con i ceci e fatela andare ancora 5 minuti, aggiungendo qualche mestolino di acqua tiepida se necessario: non fatela ritirare troppo, deve rimanere molto morbida.

Servitela la pasta e ceci con olio a crudo e una spolverata di pepe macinato al momento.

Di solito per questa minestra si usa un miscuglio di spaghetti spezzati, mafaldine, penne, lumache, ditali, linguine. Potete comunque usare un solo tipo di pasta, per esempio le reginelle, e profumare i ceci con un rametto di rosmarino.

200 g di pasta mista corta
e lunga spezzata

500 g di ceci secchi

100 g di pomodori pelati

1 costa di sedano

1 piccola cipolla

1 spicchio di aglio

olio extravergine di oliva

sale e pepe

PER 4 PERSONE

ARROSTO MISTO
DI VERDURE SU PURÈ DI PATATE

Un bel purè di patate all'olio e rosmarino sormontato da verdure di stagione cotte in forno, ben arrosticciate e davvero molto saporite. Scegliete le verdure che preferite e aggiungete gli aromi che più vi piacciono. Le patate però prendetele a pasta bianca: avrete un purè più soffice.

PER 4 PERSONE

4 patate bianche

400 g circa di zucca gialla

2 finocchi

2 cespi di radicchio rosso di Treviso

2 cipolle di Tropea

¼ di verza

un rametto di rosmarino

olio extravergine di oliva

sale e pepe

In una placca leggermente unta d'olio, sistemate le verdure in un unico strato: i finocchi tagliati ciascuno in quattro spicchi, i cespi di radicchio divisi in due, la zucca e la verza tagliate a fette alte un dito, le cipolle divise a metà. Condite con sale, pepe e un filo d'olio, quindi passate in forno a 200 °C fino a che tutte le verdure non sono tenere e arrosticciate, girandole una volta se necessario.

Sbucciate le patate, tagliatele a tocchetti, copritele appena di acqua, e cuocetele finché non si bucano con la forchetta.

Scolatele e rimettetele nella stessa pentola, aggiungete sale e pepe e sbattete con una frusta facendo cadere a filo l'olio finché non sono ben montate. Aggiungete il rosmarino tritato e mescolate.

Sistemate il purè sui piatti di portata e adagiatevi le verdure arrosto con il loro sugo.

Completate con una buona spolverata di rosmarino tritato e di pepe macinato al momento.

Se volete, potete aggiungere poco latte di soia quando montate il purè di patate.

CIPOLLE
RIPIENE AL FORNO

La più famosa cipolla ripiena d'Italia è quella piemontese, la quale però certo non è vegana essendo riempita tra le altre cose anche di carne. La ricetta che vi propongo è la mia preferita, poco "ripiena" e molto profumata.

PER 4 PERSONE

4 cipolle dorate
non troppo grosse

50 g di funghi secchi ammollati

100 g di mollica di pane
raffermo grattugiata

1 spicchio di aglio tritato

un ciuffo di prezzemolo tritato

olio extravergine di oliva

sale e pepe

Sbucciate le cipolle e sbollentatele per una quindicina di minuti in abbondante acqua salata, poi tiratele su e lasciatele raffreddare.

Dividetele a metà nel senso della larghezza, quindi scavate il centro per far posto al ripieno e tenete da parte la polpa.

Tritate i funghi ammollati, fateli saltare in padella insieme a poco olio, l'aglio e il prezzemolo. Aggiungete la polpa di cipolla tritata, la mollica di pane, sale, pepe e lasciate insaporire qualche minuto.

Riempite le cipolle con questo composto, poi sistematele in una pirofila con poco olio e mezzo bicchiere di acqua. Regolate di sale e pepe, passate un filo d'olio e cuocetele in forno a 200 °C finché non sono ben dorate: ci vorranno circa 20 minuti.

Sono ottime anche fredde. Una variante della cucina del Sud prevede cipolle rosse di Tropea riempite di mollica di pane, olive e capperi.

CAPPELLE
DI FUNGHI PORCINI RIPIENE

Sono ripiene per modo di dire perché, oltre ai loro gambi tritati, a queste cappelle di porcino si aggiungono soltanto aglio e prezzemolo, per non compromettere il gusto e non perdere il profumo di un fungo così pregiato. Un altro modo per gustare al meglio le cappelle di porcino è cuocerle sulla griglia, aggiungendo solo un filo d'olio e una macinata di pepe.

Staccate i gambi dai funghi e tritateli grossolanamente, poi fateli saltare in padella con poco olio insieme all'aglio e al prezzemolo, sale e pepe, giusto qualche minuto.

Ungete leggermente il fondo di una teglia da forno, sistematevi le cappelle con la parte spugnosa rivolta verso l'alto; distribuitevi il trito di gambi, regolate di sale e pepe, passate un filo d'olio e una spolverata di pangrattato, poi infornate a 200 °C per circa 10 minuti.

Servitele calde, cosparse di prezzemolo tritato.

Potete usare anche cappelle di funghi portobello, che sono ottimi e molto carnosi; basta che aumentiate un po' il tempo di cottura in forno.

4 funghi porcini puliti
1 spicchio di aglio
un ciuffo di prezzemolo
pangrattato
olio extravergine di oliva
sale e pepe

PER 4 PERSONE

PATATE E CAVOLFIORI IN TEGAME

Le patate, cotte in umido con verdure che servono a dare sapore e sostanza al piatto, sono un classico della cucina contadina, nella quale spesso avevano il ruolo del piatto unico. Anch'io non le ho mai considerate un contorno, tutt'al più un secondo, ed è così che ve le propongo. Naturalmente, al posto dei cavolfiori potete usare anche altre verdure, a patto che siano molto saporite, come broccoli o carciofi. D'estate, provate a unire le patate con i pomodori, le melanzane o i peperoni, o anche tutto insieme.

PER 4 PERSONE

4 grosse patate a pasta gialla

1 piccolo cavolfiore

1 cipolla di Tropea

1 spicchio di aglio schiacciato

3-4 cucchiai di passata di pomodoro

olio extravergine di oliva

un pezzetto di peperoncino secco

sale e pepe

In un largo tegame mettete insieme le patate sbucciate e tagliate a tocchetti, il cavolfiore a cimette, la cipolla tagliata a filetti, l'aglio, la passata di pomodoro, il peperoncino, sale e pepe. Irrorate con 3-4 cucchiai di olio, poi aggiungete due dita di acqua tiepida.

Lasciate cuocere coperto per circa 25 minuti, fino a che le verdure non sono tenere, muovendo ogni tanto la pentola perché non si attacchino, ma senza mescolare per non romperle troppo.

Servite con un filo d'olio a crudo.

A proposito di patate, quest'altra ricetta semplice semplice proprio ve la devo dire: sbucciate le patate e tagliatele a tocchi piuttosto grossi; praticate su ogni pezzo un'incisione orizzontale e infilateci una foglia di salvia inumidita e passata nel sale. Friggetele in abbondante olio bollente finché non sono ben cotte e dorate. Sono fantastiche!

TIELLA
DI FUNGHI E PATATE

Sapete che i funghi cardoncelli si chiamano così perché si sviluppano in simbiosi con una varietà di cardo? Crescono spontaneamente in molte regioni del Sud, ma i migliori si raccolgono nelle Murge, l'altopiano che occupa una zona molto suggestiva della Puglia. I cardoncelli hanno un gusto molto delicato e una bella consistenza carnosa, che li rende molto versatili in cucina. Si sposano benissimo con altre verdure; sono ottimi trifolati, cotti al forno o in umido, perfetti per essere conservati sott'olio e serviti come antipasto.

Tagliate a fette sottili sia la cipolla sia le patate; mentre i funghi, a fettine longitudinali un po' più spesse.

Ungete leggermente il fondo di una teglia da forno, poi sistematevi le verdure a strati. Alternate cipolle, patate e funghi; condite ogni strato con aglio e prezzemolo tritati insieme, un filo d'olio, sale e pepe.

Finite con una spolverata di pangrattato, bagnate ancora con un filo d'olio e con mezzo bicchiere di acqua.

Passate in forno a 200 °C finché le verdure non sono tenere (quando sono cotte, si bucano facilmente con la forchetta) e ben dorate: ci vorranno circa 25 minuti.

Se non doveste trovare i cardoncelli, la ricetta viene ugualmente bene con i funghi porcini.

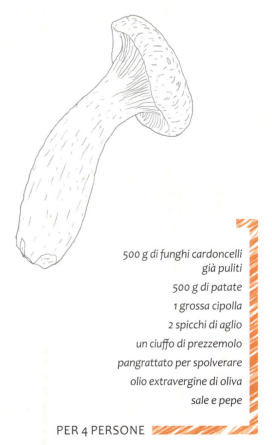

*500 g di funghi cardoncelli
già puliti*
500 g di patate
1 grossa cipolla
2 spicchi di aglio
un ciuffo di prezzemolo
pangrattato per spolverare
olio extravergine di oliva
sale e pepe

PER 4 PERSONE

SFORMATO DI FINOCCHI

Può anche essere una ricetta molto laboriosa: c'è chi i finocchi prima li scotta, poi li passa nella farina e li frigge, e finalmente li mette in forno a gratinare con la besciamella. Tanto lavoro e si rischia di perdere l'aroma caratteristico di questa verdura. Io vi propongo, quindi, una versione più semplice ma ugualmente molto saporita, con l'aggiunta di mandorle e nocciole tritate che servono a dare croccantezza allo sformato e un notevole apporto nutrizionale. Qualche volta non ci metto neanche la besciamella, ma giusto una spolverata di pangrattato e via, in forno!

PER 4 PERSONE

4 finocchi belli grandi puliti e spuntati

1 dose di besciamella (vedi ricette di base)

30 g di nocciole e mandorle tritate grossolanamente

pangrattato per spolverare

olio extravergine di oliva

sale e pepe

Tagliate i finocchi a metà e poi a fette spesse un dito, quindi fateli andare in padella con poca acqua e olio, a fuoco vivace, finché non hanno assorbito il liquido e sono ancora croccanti, ma arrosticciati; solo allora regolate di sale e pepe.

Sporcate il fondo di una pirofila con poca besciamella, poi sistemateci i finocchi in un unico strato e copriteli di besciamella.

Distribuite le mandorle e le nocciole tritate su tutta la superficie, poi date una bella spolverata di pangrattato e infornate a 200 °C finché lo sformato non è ben dorato: ci vorranno circa 20-30 minuti.

Potete aggiungere qualche fiocchetto di margarina vegetale prima di infornare, ma non è indispensabile.

POLPETTINE DI BIETOLE AL SUGO CON LA GREMOLADA

L'idea mi è venuta pensando a certe frittelline che faceva sempre mia nonna, molto simili a quelle di cui vi ho parlato all'inizio delle ricette di primavera. Le preparava con i gambi duri della bietola grossa, che noi chiamiamo coste e che per lei invece erano i "secari". Qui ho aggiunto le patate per dare consistenza e legare l'impasto, in modo da poter formare le polpette. La gremolada è proprio quel condimento tipico della cucina milanese che io vi propongo in una variante con salvia e rosmarino.

Lessate le patate, sbucciatele e passatele allo schiacciapatate.

Scottate in acqua salata le coste di bietola, poi strizzatele per bene e tritatele grossolanamente, quindi mescolatele alle patate insieme alle olive e a mezzo spicchio di aglio tritati, qualche foglia di prezzemolo sminuzzata con il coltello, sale e pepe.
Mescolate bene per avere un impasto omogeneo, quindi formate delle polpettine poco più grandi di una noce e fatele rotolare nella farina.

Fatele dorare in una padella con poco olio, poi aggiungete la passata di pomodoro e due dita d'acqua tiepida; regolate di sale e lasciate ritirare, muovendo ogni tanto la padella per girare le polpette.

Tritate insieme l'aglio rimasto, la salvia, gli aghi di rosmarino e la scorza del limone.

Aggiungete la gremolata così preparata alle polpette e fatele andare ancora 2 minuti sul fuoco, muovendo la padella in modo che si insaporiscano ben bene.

500 g di bietole da coste
2 grosse patate
un pugno di olive nostrali senza nocciolo
100 g di farina
200 ml di passata di pomodoro
la scorza di 1 limone
qualche foglia di salvia
un rametto di rosmarino
un ciuffo di prezzemolo
1 spicchio di aglio tritato
olio extravergine di oliva
sale e pepe

PER 4 PERSONE

Lo stesso impasto di patate e bietole potete passarlo nel pangrattato e friggerlo in olio abbondante per ottenere delle crocchette.

SCHIACCIATA
CON UVA E ROSMARINO

Non è proprio quella tradizionale, quella schiacciata che si trova a Firenze in tutti i forni e in ogni pasticceria nel periodo della vendemmia e che si fa con l'uva da vino, di solito il canaiolo. Questa ha solo uno strato e la potete fare con l'uva che avete a disposizione, bianca o nera. In realtà non è un dolce da fine pasto, perché è poco dolce. Anzi, la pasta è salata... Quindi direi che va sempre bene, basta avere fame!

PER 4 PERSONE

1 dose di pasta per pizza (vedi ricette di base)

1 kg di uva (bianca o nera)

100 g di zucchero di canna

un rametto di rosmarino

olio extravergine di oliva

pepe

Ungete leggermente di olio una placca da forno, poi stendete l'impasto della pizza allargandolo con le mani.

In una terrina schiacciate leggermente l'uva e mescolatela con metà dello zucchero. Distribuitela sull'impasto, poi pigiatela con le dita in modo che entri un po' nella pasta. Coprite la placca da forno e lasciate riposare per una mezz'ora, così che l'impasto abbia il tempo di gonfiare nuovamente.

Spolverate la schiacciata con lo zucchero rimasto, guarnite con gli aghi di rosmarino (se lo trovate con i fiori, alla fine della cottura potete metterci anche quelli) e finite e con una macinata di pepe. Infornate a 250 °C finché la pasta non è ben dorata: ci vorranno circa 25 minuti.

Il rosmarino, che a Firenze si chiama "ramerino", è l'ingrediente fondamentale di un altro dolce tradizionale fatto con la pasta di pane, tipico del Giovedì Santo: il pan di ramerino.

PERE
AL VINO ROSSO

Nella tradizione delle Langhe, per questo dolce si usano le pere martin sec: piccole, con la polpa soda e profumata, ma assai difficili da trovare fuori dal Piemonte. In alternativa potete usare le kaiser o le conferenza. Il vino deve essere corposo, almeno come il Dolcetto o il Barbera, se vogliamo evitare il più classico e nobile Barolo. Io preferisco profumarle con la scorza di arancia, ma potete usare anche quella di limone.

PER 4 PERSONE

4 pere sode e mature

400 ml di vino rosso corposo

200 g di zucchero di canna

qualche scorza di arancia (o di limone)

qualche chiodo di garofano

un pezzetto di stecca di cannella

Mettete le pere lavate e asciugate in una pentola con i bordi alti, nella quale stiano in piedi e piuttosto strettine.

Versate il vino e aggiungete tutti gli altri ingredienti, quindi cuocetele coperte, a fuoco dolce, finché non si bucano con uno stecchino, per circa 35 minuti.

Levatele dalla pentola e fate addensare il fondo di cottura su fuoco vivace.

Servite le pere nappate con il loro sugo. Sono ottime calde, ma anche fredde.

Se preferite, potete cuocerle in forno a 200 °C, ci vorrà un'oretta.

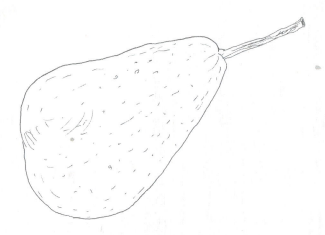

CASTAGNACCIO ARRICCHITO

A dir la verità non ho mai avuto molta passione per la ricetta tradizionale di questo dolce molto popolare in Toscana (pare sia stato inventato a Lucca) e diffuso nelle zone appenniniche di diverse regioni italiane, fino al Lazio. È un dolce vegano per natura: solo farina di castagne, acqua e olio di oliva, pinoli, rosmarino e altre aggiunte occasionali come uvetta e scorza di arancia. Nella ricetta dell'Artusi, che lo chiama "migliaccio di farina dolce", non c'è nemmeno lo zucchero. Io ci ho sempre aggiunto qualcosa per renderlo più "gentile" e mi sembra che il risultato non sia male...

In una terrina setacciate insieme la farina di castagne con il cacao e il sale, aggiungete 2 cucchiai di zucchero, poi versate a filo l'acqua fredda, sbattendo con una frusta in modo che non si formino grumi.

Aggiungete 3 cucchiai di olio di oliva, la scorza di arancia grattugiata, i ⅔ di nocciole e uvetta. Dovete ottenere una pastella piuttosto liquida.

Versate il composto in una teglia leggermente unta di olio. Distribuitevi la pera sbucciata e tagliata a fettine sottili, le nocciole e l'uvetta tenuta da parte, infine gli aghi di rosmarino bagnato (così non si brucia).

Spolverate con lo zucchero rimasto, quindi passate il castagnaccio in forno a 180 °C finché non si è formata una bella crosticina in superficie e l'interno è sodo ma non troppo asciutto: ci vorranno circa 45 minuti.

300 g di farina di castagne
20 g di cacao amaro
3 cucchiai di zucchero di canna
450 ml circa di acqua fredda
1 pera piccola e soda
30 g di uvetta ammollata
un rametto di rosmarino
*la scorza grattugiata
di 1 arancia*
*una manciatina di nocciole
tostate frantumate*
olio extravergine di oliva
un pizzico di sale

PER 6 PERSONE

Il castagnaccio non deve mai essere troppo alto, quindi occhio alla misura della teglia; questa dose è per una di 26 cm di diametro.

SBRISOLONA ALLE NOCCIOLE

È un dolce tradizionale di Mantova, che in un ricettario di cucina vegana rappresenta una vera sfida, perché nella sbrisolona originale è previsto nientemeno che lo strutto di maiale. Questa è la variante di una mia ricetta nella quale avevo usato le mandorle, che nel tempo hanno sostituito le nocciole nell'uso comune familiare. Al posto dello strutto o del burro metto la margarina vegetale biologica di olio di semi di girasole.

PER 8 PERSONE

200 g di nocciole tostate
150 g di zucchero
200 g di farina 00
200 di farina gialla tipo fioretto
la scorza grattugiata di 1 limone
220 g di margarina vegetale
2-3 cucchiai di vino bianco fruttato (oppure acqua)
un pizzico di sale

Tritate le nocciole insieme allo zucchero, quindi mescolatele con le due farine, il sale e la scorza di limone. Tagliate a pezzetti la margarina ben fredda e intridetela nelle farine con movimenti veloci delle dita, fino a ottenere un impasto bricioloso.

Versate quel tanto di vino freddo o di acqua che basta a legare insieme le briciole e ad avere un impasto omogeneo. Fatene una palla e passatelo in frigo per almeno un'ora, rinvoltato in una pellicola da cucina.

Stendete l'impasto in una tortiera unta e spolverata di farina; usate le dita, in modo che rimanga irregolare e grossolano.

Cuocete la sbrisolona in forno a 180 °C finché non diventa croccante e dorata, per circa 40 minuti.

Ho sostituito le uova, che servono a legare l'impasto, con il vino: sceglietene uno molto fruttato come un Traminer aromatico o uno Chardonnay.

SFOGLIATA DI ARANCE

Questa è una torta molto semplice da preparare, ma richiede un po' di attenzione quando la rovesciate. Comunque non vi spaventate se qualcosa rimane attaccato al fondo della tortiera: staccatelo con una spatolina e rimettetelo sulla torta finché è ancora calda. Se siete di fretta o non volete farla da voi, la pasta sfoglia 100% vegetale si trova facilmente nei supermercati. Questa sfogliata è una mia vecchia passione: ho modificato un po' la ricetta aggiungendo le mandorle e sostituendo il burro con la margarina.

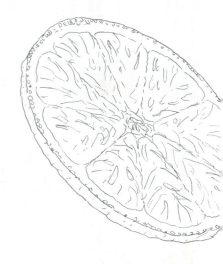

Mescolate la margarina con lo zucchero sbattendo con una frusta finché non sono completamente amalgamati, quindi spalmate il composto sul fondo di uno stampo da torta antiaderente, distribuitevi le mandorle e passatelo in frigo per una mezz'oretta.

Tagliate le arance non sbucciate a fette orizzontali molto sottili, poi disponetele sul fondo di margarina in un unico strato, ma leggermente sovrapposte.

Con il matterello stendete la sfoglia e ricavatene un disco poco più grande della tortiera, poi adagiatelo sulle arance e ripiegate i bordi verso il fondo della teglia.

Bucherellate la sfoglia con i rebbi di una forchetta, per evitare che gonfi in cottura, quindi infornate la sfogliata a 200 °C finché non prende un bel colore dorato, per circa 30 minuti.

Levatela dal forno, appoggiate sulla tortiera il piatto di portata e rovesciate la torta con un gesto deciso, facendo molta attenzione a non scottarvi.

Prima di servirla, potete guarnire la sfogliata con del cioccolato fondente in scaglie.

250 g di pasta sfoglia
(vedi ricette di base)

2 arance

60 g di margarina vegetale

100 g di zucchero di canna

20 g di mandorle in scaglie

PER 8 PERSONE

INVERNO

CROSTINI D'INVERNO

Oggi siamo abituati a metterci sopra di tutto e a farne delle piccole leccornie, ma un tempo fare i crostini era un modo per non buttare via il pane raffermo; i contadini lo abbrustolivano sul fuoco e lo consumavano condito solo con un filo d'olio e poco altro, pensate alla fettunta toscana o alle svariate bruschette. Anche mia madre aveva questa abitudine; mi ricordo che quando ero bambina avevamo ancora in casa una cucina economica e spesso d'inverno, a merenda, ci dava il pane abbrustolito sul fuoco, condito con l'olio e il sale. Lei si era trasferita da poco a Firenze dal profondo Sud e manteneva ancora quelle abitudini campagnole, già allora considerate un poco "esotiche".

CROSTINI DI CAROTE AGRODOLCI

4 fette di pane integrale con i semi
5 carote
1 cucchiaino circa di zucchero di canna
2-3 cucchiai di aceto bianco
qualche filo di erba cipollina
olio extravergine di oliva
sale e pepe

Tagliate le carote con la mandolina a fettine sottili, poi fatele saltare in una padella con poco olio, a fuoco vivace. Muovete la padella di frequente, per evitare che attacchino e cuocetele finché non sono ben arrosticciate: basteranno 10 minuti. Regolate di sale, quindi aggiungete zucchero e aceto, assaggiando per dosare l'agrodolce a vostro gusto. Fate andare ancora 1 minuto, poi distribuite le carote sulle fette di pane abbrustolito e guarnite con una macinata di pepe e l'erba cipollina tagliuzzata.

CROSTINI DI PORRI STUFATI AL VINO ROSSO

Tagliate i porri a rondelle non troppo fini compresa un po' della parte verde, quindi fateli saltare in una padella con poco olio, sale e pepe. Girateli spesso in modo che appassiscano senza prendere colore. Quando sono quasi cotti – li vedrete diventare traslucidi – versate il vino e fate andare ancora, finché non prendono un aspetto quasi cremoso, per circa 15 minuti, aggiungendo qualche cucchiaio di acqua se necessario. Tostate il pane, distribuitevi i porri stufati e finite con una macinata di pepe.

4 fette di pane bianco
2 grossi porri
½ bicchiere di vino rosso
olio extravergine di oliva
sale e pepe

POLENTA GRIGLIATA CON LA TREVIGIANA

4 fette di polenta
2 cespi di radicchio rosso di Treviso (meglio tardivo)
1 scalogno
un ciuffo di prezzemolo
olio extravergine di oliva
sale e pepe

Tagliate la trevigiana a striscioline e fatela saltare in una padella con poco olio insieme allo scalogno tagliato a filetti; regolate di sale, quindi lasciate cuocere girando spesso, finché il radicchio non diventa tenero e arrosticciato ma ancora croccante, per una decina di minuti. Grigliate le fette di polenta sulla gratella o sotto il grill del forno, quindi sistematevi la trevigiana, guarnite con le foglie di prezzemolo spezzettate e una macinata di pepe.

POLENTINA
MORBIDA CON CARCIOFI PASTELLATI

Volevo rifarmi alla tradizione della polenta veneta. Per ovvie ragioni ho tolto il baccalà e ci ho messo i carciofi – verdura di gran sapore e consistente al palato – pensando alle castraure veneziane, una varietà di carciofi violetti che sono la specialità di un'isoletta della laguna di Venezia, Sant'Erasmo. Le castraure sono i carciofi sull'apice della pianta che vengono tagliati subito per favorire lo sviluppo dei cosiddetti botoli, cioè quelli laterali. A Roma i primi carciofi li chiamano "cimaroli", si trovano già a febbraio, sono molto teneri e saporiti e ben si prestano alla frittura.

Pulite i carciofi eliminando le foglie più dure e lasciando solo un pezzetto di gambo (ma tenete da parte quelli più teneri); tagliateli in 4 spicchi e tuffateli in acqua acidulata con il succo di limone, perché non anneriscano.

Versate la farina nell'acqua frizzante fredda sbattendo continuamente con una frusta perché non si formino grumi, finché non ottenete una pastella omogenea, quindi fatela riposare in frigo per un'oretta.

Tagliuzzate con il coltello i gambi dei carciofi, poi fateli andare in una padella con 2 cucchiai di olio, l'aglio, le foglioline di maggiorana e due dita d'acqua; regolate di sale e cuoceteli finché non sono teneri e si è formato un bel sughetto.

Portate a bollore l'acqua con il sale, quindi buttate a pioggia la farina di mais girando con un cucchiaio di legno; cuocetela per circa 25 minuti: dovete ottenere una polenta piuttosto morbida.

Aggiungete l'intingolo di carciofi dopo aver eliminato l'aglio e girate bene. Tuffate gli spicchi di carciofo nella pastella e friggeteli in abbondante olio caldo finché non sono ben dorati.

Dividete la polentina in 4 ciotoline, metteteci dentro i carciofi fritti e guarnite con qualche fogliolina di maggiorana e con pepe macinato al momento.

4 carciofi violetti
1 limone
200 g di farina
200 ml circa di acqua frizzante
250 g di farina di mais precotta
1,25 litri circa di acqua
un ciuffo di maggiorana,
1 spicchio di aglio schiacciato
olio di arachidi per friggere
olio extravergine di oliva
sale e pepe

PER 4 PERSONE

Sostituite metà della farina di mais con farina di ceci: sta benissimo con i carciofi.

ZEPPOLE DELLA VIGILIA

Dovevano essere pronte per la vigilia di Natale, per questo mia nonna le impastava la sera del 23 dicembre e se ne andava a letto, poi le friggeva dopo la mezzanotte, nel padellone di ferro da 5 litri di olio messo sul fuoco del camino che aveva acceso per lei lo stalliere. Ne friggeva tante da riempire una canestra intera, perché dovevano durare per le feste e poi ne regalava parecchie. Le zeppole ("i zippuli" come diceva lei) avanzate da diversi giorni sono ottime riscaldate sul fuoco, in modo che si bruciacchino un po', ma tutti quanti in famiglia adorano mangiarle anche quando sono fredde e un po' indurite; mia zia Montagna dice sempre che le piacciono tanto dure da farle venire il singhiozzo! Questa che segue è la ricetta che risulta da un giro affannoso di telefonate tra lei, mia madre e zia Ferdinanda, per definire quale fosse in effetti quella originale della nonna.

PER CIRCA 12 CIAMBELLINE

300 g di patate
300 g circa di farina
180 ml circa di acqua
1 cubetto di lievito di birra
(25 g)
olio per friggere
(meglio extravergine di oliva)
sale

Lessate le patate, sbucciatele e passatele allo schiacciapatate ancora calde.

Sciogliete il lievito in poca acqua tiepida, circa 100 ml, e aggiungetelo alle patate mescolando, quindi regolate di sale e cominciate a impastare aggiungendo la farina a poco a poco. La quantità di farina dipende dall'umidità delle patate, quindi fate attenzione a non aggiungerne troppa, dovete ottenere un impasto omogeneo ma un po' appiccicoso. Se diventa troppo duro, ammorbiditelo con poca acqua tiepida. Lasciate lievitare in un luogo tiepido per circa 2 ore.

Mettete sul fuoco una padella piena di olio per più della metà e fatelo scaldare finché non comincia a fremere.

Con le mani leggermente unte, formate con l'impasto lievitato delle piccole ciambelle e buttatele via via nell'olio caldo: torneranno subito a galla.
Non preoccupatevi se non sono regolari, non è facile ottenerle con un impasto così morbido, confidate nella padella: aggiusta tutto.

Fatele dorare da entrambi i lati, poi tiratele su con un ragno e mettetele ad asciugare su carta da cucina. Infine, spolveratele di sale.

Le zeppole destinate ai bambini si fanno rotolare
nello zucchero appena uscite dalla padella.

INSALATA
DI PATATE E FAGIOLI

Metto insieme due ingredienti che sono stati per secoli la base dell'alimentazione delle classi più povere della Terra intera. Patate e fagioli per certi versi non conoscono confini, in tutta Italia erano il cibo essenziale della tavola contadina, perché sono poco costosi e nutrienti; adesso, principalmente i fagioli, sono molto apprezzati per il loro apporto di proteine vegetali, preziose soprattutto in una dieta vegana. In casa mia capitava spesso di risolvere la cena con un'insalata di patate bollite ancora calde, insieme a quello che c'era disponibile. In estate, mia nonna ci metteva i pomodori, i peperoncini freschi e il basilico. Questa è una versione invernale.

Tagliate la cipolla a rondelle sottili e fatela addolcire in acqua e sale o acqua e aceto, per una mezz'ora.

In un piatto da portata con i bordi alti, mettete insieme le patate sbucciate e tagliate a tocchi, i fagioli, i pomodori secchi, la cipolla ben scolata, le olive, un bel pizzico di origano e il peperoncino secco abbrustolito sulla fiamma del gas e poi frantumato, se vi piace il piccante.

Condite con abbondante olio, sale e pepe.

Girate bene facendo attenzione a non rompere le patate.

Provate a frullare 2-3 pomodori secchi con l'olio che usate per condire: l'insalata diventa più appetitosa e l'olio prende un bel colore rosso.

4 grosse patate
a pasta gialla lessate

200 g di fagioli bianchi lessati

qualche pomodoro secco
sott'olio

1 cipolla di Tropea

un pugno di olive infornate

un pizzico di origano

aceto

olio extravergine di oliva

1 peperoncino secco
(facoltativo)

sale e pepe

PER 4 PERSONE

INSALATA DI RINFORZO

A Napoli, questa insalata serve a "rinforzare" la cena della vigilia di Natale che secondo la regola deve essere di magro. In realtà, le portate che compaiono sulla tavola della vigilia certo non hanno bisogno di essere rinforzate, perché sono ricche e assai nutrienti. La tradizione però vuole che questa insalata sia preparata immancabilmente e che ci sia sempre per tutto il periodo delle feste, a rinforzare le cene in famiglia. Le "papacelle" sono dei peperoni tondeggianti e carnosi tipici della Campania.

PER 4 PERSONE

1 cavolfiore non troppo grande

1 piccolo cespo di scarola riccia

un pugno di olive di Gaeta senza nocciolo

un pugno di olive verdi senza nocciolo

100 g di giardiniera sott'aceto

4 papacelle sott'aceto (o falde di peperoni comuni sott'aceto)

un pugno di capperi sotto sale

aceto bianco

olio extravergine di oliva

sale e pepe

Tagliate il cavolfiore a cimette e poi cuocetelo al vapore, tenendolo piuttosto al dente.

In un piatto da portata con i bordi alti, mescolate insieme la scarola tagliata a pezzi, le olive, la giardiniera sgocciolata, le papacelle tagliate a strisce e i capperi sciacquati.

Aggiungete il cavolfiore e condite generosamente con olio, aceto, sale e pepe.

Naturalmente ho eliminato le acciughe sotto sale, senza nulla togliere alla riuscita dell'insalata che mantiene comunque tutto il suo sapore.

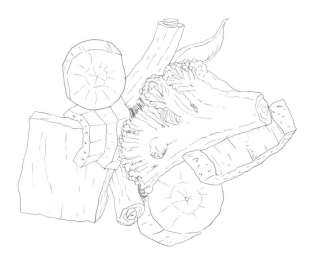

CRESCENTI BOLOGNESI

Le chiamano così a Bologna e, come dice l'Artusi che si scandalizzò moltissimo per «il linguaggio strano» adottato dai bolognesi, si tratta «della pasta fritta che tutti conoscono e sanno fare con la sola differenza che i bolognesi, per renderla più tenera e digeribile, nell'intridere la farina con l'acqua diaccia e il sale, aggiungono un poco di lardo». Io ho sostituito il lardo con l'olio extravergine di oliva. Nella leggenda familiare di mio marito, che ha lontane origini bolognesi da parte di padre, c'era uno zio che da giovane, quando tornava a casa la sera, anche a notte fonda, cominciava a dire: «Sento odore di crescenti…». E sua madre si alzava dal letto e preparava in un attimo delle crescenti leggere come una nuvola. Le friggeva una per volta in un pentolino piccolo, pieno di olio, e quelle che non si gonfiavano bene non le portava in tavola.

PER 4 PERSONE

250 g di farina

acqua tiepida

10 g di lievito di birra

olio di arachidi per friggere

2 cucchiai di olio extravergine di oliva

sale

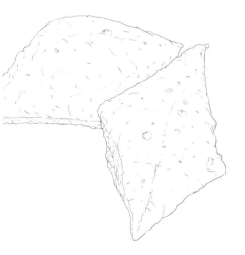

Setacciate a fontana la farina insieme al sale; al centro mettete il lievito di birra sciolto in poca acqua tiepida e l'olio.
Cominciate a intridere la farina con il liquido lavorando con le mani e aggiungendo acqua tiepida necessaria a ottenere un impasto liscio e omogeneo, quindi lasciate lievitare coperto per circa 2 ore.

Stendete la pasta con il matterello a uno spessore di 3-4 mm, quindi tagliatela a losanghe di circa 7 cm di lato.

Scaldate l'olio in una padella non troppo grande e a bordi alti; la padella deve essere piena per i ⅔ e l'olio è pronto quando comincia a fremere.

Friggete le crescenti poche per volta, girandole solo una volta e levandole dall'olio con un ragno quando sono appena dorate.

Fatele asciugare su carta da cucina e servitele immediatamente.

Siccome bisogna gustarle appena fatte, chi frigge di solito non si siede a tavola, ma passa le crescenti ai commensali che le mangiano via via che sono pronte. Qualcuno aggiunge un cucchiaio di aceto bianco all'impasto per farle venire più asciutte.

GOBBI SCOTTATI CON LA MAIONESE PROFUMATA

Ha il portamento del sedano, ma il sapore del carciofo. Una consistenza croccante e corposa, che lo rende perfetto per ricette molto elaborate, e tuttavia è delizioso bollito e condito anche soltanto con olio e limone. Il cardo è una verdura molto saporita e anche molto salutare per il suo contenuto di ferro e di vitamina C. Primo fra tutti è il cardo gobbo di Nizza Monferrato, il più tenero di questa specie, che si può mangiare crudo con la famosa bagna cauda piemontese. Cresce gobbo davvero, perché a un certo punto viene piegato di lato e coperto di terra, per farlo imbianchire e renderlo così più tenero e dolce. Per questo in Toscana e nel Lazio il cardo si chiama semplicemente "gobbo", e i gobbi si fanno in tutte le maniere. Quelli di buona qualità sono bianchi e argentati.

Scegliete dei cardi ben chiusi e dal colore chiaro e argentato; i cardi verdi sono duri e fibrosi e se sono aperti spesso sono vecchi.

Eliminate i gambi più esterni e tagliate gli altri a pezzi di una decina di centimetri, poi con un coltellino affilato privateli dei filamenti esterni e tuffateli nell'acqua acidulata con il succo di limone. Fateli poi bollire in una pentola con abbondante acqua salata, insieme a un cucchiaio di farina e succo di limone; ci vorrà un'oretta perché diventino teneri, ma ancora croccanti.

Sbattete la maionese con i capperi tritati, il patè di olive, l'aglio sbucciato e intero, un po' di scorza di limone grattugiata; alla fine eliminate l'aglio. Se la maionese è troppo soda, diluitela con poco succo di limone. Finite con una macinata di pepe.

Servite i gobbi su un vassoio con accanto la maionese in una ciotolina.

800 g di cardi
2 limoni
1 cucchiaio di farina
1 dose di maionese
(vedi ricette di base)
un pugno di capperi dissalati
1 cucchiaio di patè di olive
½ spicchio di aglio
sale e pepe

PER 4 PERSONE

In alternativa preparate una ciotolina di maionese per ogni commensale e infilateci dentro 3-4 pezzetti di cardo.

PANELLE CON LA CATALOGNA PICCANTE

Le panelle sono palermitane, le vendono per strada da più di mille anni, spruzzate di limone e infilate nella mafalda, il panino con sopra il cimino (il sesamo) tipico di Palermo. "Pane e panelle" è il cibo di strada simbolo di questa città. Semplice o con i "cazzilli" (crocchette di patate), la mafalda per strada la mangiano tutti, mettendosi in coda dal panellaro di turno a un angolo di strada o nelle piazze più frequentate. Le panelle sono una sorta di frittelle di farina di ceci e acqua, che in verità ricordano molto la polenta fritta, ma sono molto più saporite. Questo che vi propongo non è un accostamento classico, ma vi assicuro che la catalogna, un po' amara e piccante, con le panelle ci sta benissimo.

PER 6-8 PERSONE

500 g di farina di ceci

1,5 litri di acqua fredda

1 kg di cicoria catalogna

un ciuffo di prezzemolo
(o di finocchietto selvatico)

1 spicchio di aglio

olio di arachidi per friggere

olio extravergine di oliva

1 peperoncino

sale e pepe

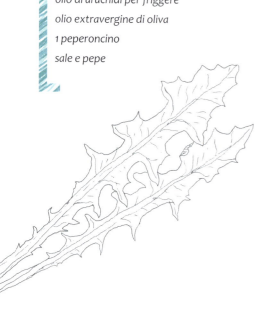

Buttate la farina di ceci nell'acqua fredda, a poco a poco e sbattendo con una frusta in modo che non si formino grumi, quindi aggiungete il prezzemolo tritato.

Versate in una pentola, salate e lasciate cuocere a fuoco lento finché non è bella soda, come una polenta.

Rovesciatela e stendetela tra due strati di carta forno, fino a uno spessore di 2-3 mm, quindi lasciatela raffreddare.

Ritagliate dei quadrati o dei triangoli di 7-8 cm di lato, poi friggeteli in abbondante olio caldissimo finché non sono gonfi e dorati.

Scottate la catalogna tagliata a pezzetti, in abbondante acqua bollente salata, quindi scolatela e fatela saltare in padella con un filo d'olio, peperoncino e lo spicchio di aglio schiacciato; regolate di sale e pepe e levatela dal fuoco quando è ben rosolata.

Accompagnate le panelle alla catalogna, come fossero fette di pane.

Un tempo, l'impasto di farina di ceci veniva fatto raffreddare in stampi di legno che lasciavano impressi sulle panelle dei motivi floreali. Spariva poco dopo la frittura, quindi la presenza del decoro sulla panella era indice di freschezza.

ZUPPA D'ORZO

La "gerstsuppe", come la chiamano in Alto Adige, è un piatto frugale ma sostanzioso. Di solito le massaie la preparano aggiungendo oltre alle verdure una fetta di speck, ma anche la versione vegetariana e vegana è molto saporita e sicuramente più leggera. Si possono aggiungere dei fagioli, oppure dei funghi, per dare sostanza e profumo. Io sono molto affezionata a questa ricetta semplicissima che ho imparato dalla cuoca di un albergo in Val Gardena, dove andavamo quando portavamo i ragazzi a sciare. Capirete subito che l'ho un po' modificata: la cuoca in questione l'olio extravergine di oliva proprio non lo usava...

Pulite tutte le verdure, tagliate il porro (anche la parte verde) e le carote a rondelle, il sedano a pezzetti, tritate la cipolla, l'aglio e il prezzemolo.

Fatele rosolare in poco olio finché non sono ben appassite, quindi allungate con circa un litro e mezzo di acqua, portate a bollore e aggiungete l'orzo.

Dopo circa 15 minuti di cottura a fuoco lento, buttate dentro le patate tagliate a tocchetti, quindi salate e pepate.

Coprite e finite di cuocere finché l'orzo non diventa tenero e la minestra ancora abbastanza liquida: altri 15 minuti circa.

Un filo d'olio a crudo prima di servire non guasta.

L'orzo perlato cuoce velocemente, ma se avete tempo potete usare quello integrale o l'orzo decorticato, che è meno raffinato di quello perlato ed è più nutriente. Ambedue, però, richiedono l'ammollo di 12-24 ore e una lunga cottura.

250 g di orzo perlato
2 patate
2 gambi di sedano
1 carota
1 porro
1 grossa cipolla
1 spicchio di aglio
un ciuffo di prezzemolo
olio extravergine di oliva
sale e pepe

PER 4 PERSONE

CAVOLO NERO SULLE FETTE

Cito Pellegrino Artusi, perché è troppo divertente! Parlando del cavolo con le fette, minestra in uso a Firenze, dice che «è un piatto da Certosini o da infliggersi per penitenza ad un ghiottone» e sicuramente pensava a se stesso... In realtà il cavolo nero, anche solo lessato e messo con il suo brodo sul pane strusciato con l'aglio e condito con un filo d'olio nuovo, è una vera prelibatezza, proprio per la sua semplicità. Io vi propongo una ricetta dove sono compresi anche i fagioli, più simile alla zuppa lombarda che però è nata a Firenze anche quella. E a dir la verità ho dato una ripassatina in padella alle verdure... così, per dar retta a Pellegrino e aggiungere un po' di *verve* tipica della cucina del Sud.

PER 4 PERSONE

*2 mazzetti di cavolo nero
(circa 300 g)
400 g di fagioli bianchi
(toscanelli o cannellini)
2 spicchi di aglio
4 fette di pane toscano
olio extravergine di oliva
(possibilmente olio nuovo)
peperoncino (facoltativo)
sale e pepe*

Mettete i fagioli ammollati per una notte e scolati in una pentola con circa 2 litri di acqua e fateli cuocere coperti a fuoco dolce, finché non sono morbidi ma ancora interi: l'acqua deve appena fremere, ci vorranno circa 2 ore.

Intanto eliminate le coste più dure del cavolo nero, poi scottatelo in acqua bollente salata e tiratelo su con una schiumarola.

In una padella piuttosto grande, fate saltare il cavolo nero con poco olio, 1 spicchio di aglio vestito, un pezzetto di peperoncino se vi piace il piccante, sale e pepe. Tirate su i fagioli e aggiungeteli al cavolo con parte del loro brodo, quindi fateli andare a fuoco alto, quanto basta a farli insaporire.

Mettete in ogni ciotola una fetta di pane abbrustolito e strusciato con l'aglio e aggiungete una bel mestolo di cavolo nero con i fagioli e un po' del brodo di cottura.

Condite generosamente con l'olio nuovo e servite.

A Firenze siamo molto esigenti in fatto di cavolo nero. Quello buono e tenero deve aver sentito il gelo, quindi lo si mangia da dicembre in poi.
I fagioli toscanelli sono l'ideale, hanno la buccia fine e sono saporitissimi.

RIBOLLITA CON IL PEPOLINO

La regina della cucina popolare fiorentina. A Firenze la trovi nei menù di ristoranti e trattorie, ma quella vera ormai non la si mangia più nemmeno alla tavola di casa. La ribollita era l'avanzo della zuppa di verdure fatta per cena, in origine niente più che cavolo e fagioli, che i contadini facevano ribollire sul fuoco la mattina per colazione. Oggi la si prepara per consumarla subito, al massimo con mezza giornata di anticipo e con una grande varietà di verdure. La prima volta l'ho mangiata all'Impruneta, in una pinetina prima del paese, dove c'era una specie di ristoro all'aperto che serviva specialità fiorentine. Mio padre, per merenda, ci comprava la ribollita al posto del gelato; ce la davano dentro i pentolini di coccio e a noi bambini pareva quasi un gioco.

PER 4 PERSONE

200 g di fagioli bianchi
(toscanelli o cannellini)

200 g di cavolo nero

¼ di verza

1 mazzetto di bietole

2 patate

1 cipolla

1 spicchio di aglio

2 coste di sedano

1 carota

100 g di pomodori pelati

un rametto di pepolino (timo)

400 g circa di pane casereccio
raffermo

olio extravergine di oliva

sale e pepe

I fagioli vanno cotti a parte: lasciateli a bagno per una notte, poi scolateli e metteteli in una pentola con circa 1 litro di acqua; fateli andare a fuoco lentissimo finché non sono morbidi; salateli solo verso fine cottura, altrimenti si incrudiscono.

In una grossa pentola con poco olio, fate rosolare l'aglio e la cipolla tritati, unitevi il pepolino, quindi sedano e carota tagliati a fettine e le altre verdure a pezzetti.

Aggiungete i pomodori schiacciati, fate insaporire per qualche minuto, poi allungate con il brodo dei fagioli e lasciate cuocere finché le verdure non sono tenere. A questo punto, buttate dentro anche i fagioli; regolate di sale e pepe.

Tagliate il pane raffermo a fettine sottili e buttatele nella zuppa di verdure e girate bene, quindi lasciate riposare a lungo. Ribollite la zuppa, fatela andare finché è ben calda, poi servitela con un filo d'olio.

Va molto di moda comporre la ribollita a strati alternando pane e verdure, poi passarla in forno a gratinare, per una ventina di minuti. Qualcuno ci aggiunge anche uno strato di anelli di cipolla rossa a chiudere.

MESCIUA SPEZZINA

Come dice il nome in dialetto spezzino, si tratta di un miscuglio di legumi e cereali che deriva dall'uso dei portuali di La Spezia di buttare in pentola quanto riuscivano ad arraffare dalle balle di granaglie che scaricavano dalle navi. È un piatto poverissimo, senza condimenti particolari e nemmeno un soffritto a dare sapore, perciò la qualità dei legumi è essenziale per avere un buon risultato. La mesciua si fa in tutta la Lunigiana; adesso è diventata di moda ed è molto apprezzata da quanti seguono una dieta salutista.

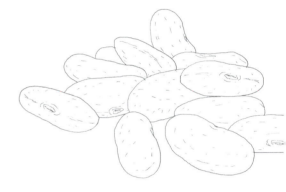

Fate ammollare separatamente i legumi e il farro per una notte. Scolateli e poi, visto che hanno tempi di cottura diversi, cuoceteli separati, con circa 1,5 litri di acqua in ogni pentola, a fuoco dolce e finché non sono morbidi: ci vorranno circa 2 ore per ceci e fagioli, mentre basteranno 30 minuti per il farro. Salate a fine cottura.

Scolate il farro e mettete tutto in un'unica pentola, compresa buona parte dell'acqua di cottura di ceci e fagioli, in modo che venga una minestra piuttosto liquida.

Fate andare ancora una decina di minuti per mescolare i sapori, poi servite la mesciua caldissima con un buon giro d'olio e una macinata di pepe.

Vi consiglio un trito di maggiorana aggiunto a crudo per dare un po' di aroma.

300 g di fagioli cannellini
300 g di ceci
200 g di farro perlato
olio extravergine di oliva
sale e pepe

PER 4 PERSONE

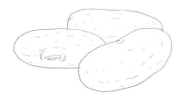

PIZZOCCHERI CON VERZE E BORLOTTI

Da "piz", pezzetto oppure pinzare, il vero pizzocchero – quello riconosciuto prodotto agroalimentare tradizionale della Valtellina secondo le regole dell'Accademia del pizzocchero di Teglio – si fa senza uova, con farina di grano saraceno, una piccola parte di farina bianca e acqua. Io i pizzoccheri li ho cucinati spesso ultimamente, proprio per i miei amici vegani, eliminando il burro e i formaggi e aggiungendo invece i fagioli borlotti, che danno consistenza e anche sostanza. Vedrete che l'olio extravergine d'oliva ci sta proprio bene.

PER 4 PERSONE

PER I PIZZOCCHERI

400 g di farina
di grano saraceno

100 g di farina bianca

240 ml circa di acqua

PER IL CONDIMENTO

1 piccola verza

200 g di fagioli borlotti già cotti

1 patata

1 spicchio di aglio

qualche foglia di salvia

olio extravergine di oliva

sale e pepe

Su un piano di lavoro, setacciate a fontana le due farine insieme a un pizzico di sale, aggiungete acqua fredda a poco a poco per non sbagliare e impastate con energia finché non ottenete un impasto omogeneo ed elastico.

Avvolgetelo in un telo e lasciatelo riposare per un'oretta, quindi stendetelo con il matterello a uno spessore di pochi millimetri.

Dalla sfoglia ritagliate delle strisce larghe circa 7 cm, poi tagliatele di nuovo nell'altro verso, per ottenere una specie di tagliatelle larghe circa 1 cm.

Tuffate in una pentola di acqua bollente salata la verza tagliata a pezzi irregolari e la patata a tocchetti; quando le verdure sono quasi pronte, buttate dentro i pizzoccheri e portateli a cottura.

Fate rosolare l'aglio e le foglie di salvia in una padella con 2 cucchiai di olio finché l'aglio non è appena dorato; aggiungete i fagioli, quindi tirate su i pizzoccheri e le verdure con una schiumarola e buttateli nella padella.

Regolate di sale e fateli saltare insieme al condimento per qualche minuto, aggiungendo poca acqua di cottura, in modo che non risultino troppo asciutti.

Serviteli subito con una macinata di pepe.

Al posto della verza potete usare anche le bietole da coste.

RIGATONI
AL RAGÙ DI LENTICCHIE

Tutto l'aroma di un buon ragù: in questo sugo ci sono gli odori che si usano di solito nel battuto, con qualche erba profumata in più e le lenticchie, cui spetta il compito di portare sostanza e consistenza per il palato. Se l'obiettivo della salsa in questione era quello di stuzzicare l'appetito (dal francese *ragoûter*), direi che lo abbiamo raggiunto ampiamente, perché questo sugo è molto appetitoso e saporito. Io ci condisco sempre i rigatoni, che hanno un bello spessore e trattengono il sugo. In alternativa vi consiglio le penne o una pasta cava, come le lumache, in modo che le lenticchie ci si infilino dentro, dando una sensazione molto piacevole nel mangiarle.

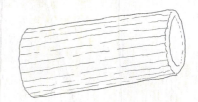

Fate un battuto grossolano con tutti gli odori, quindi lasciatelo appassire in una pentola con 4 cucchiai di olio e un pizzico di sale. Tenetelo a fuoco dolce, deve cuocere lentamente senza prendere colore.

Quando è appena dorato, buttate dentro le lenticchie ben scolate e la foglia di alloro e lasciatele insaporire qualche minuto, infine versate il vino. Fatelo evaporare e aggiungete il pomodoro, sale e pepe, e anche un po' di peperoncino se vi piace il piccante.

Lasciate cuocere il sugo coperto a fuoco lento, finché l'olio non comincia a venire in superficie: ci vorranno circa 30 minuti.

Scolate la pasta al dente, quindi saltatela qualche minuto in una padella con il ragù di lenticchie. Servite i rigatoni con una bella spolverata di prezzemolo tritato grossolanamente.

In alternativa, guarnite il piatto con un trito di sedano (comprese le foglie), prezzemolo e carote.

400 g di rigatoni
400 g di lenticchie già cotte
500 g di passata di pomodoro
1 carota
1 costa di sedano
1 cipolla
1 foglia di alloro
un ciuffo di prezzemolo
½ bicchiere di vino bianco
olio extravergine di oliva
peperoncino (facoltativo)
sale e pepe

PER 4 PERSONE

CALAMARATA
FUNGHI, FAGIOLI E COSTE

Le prime volte che mettevo questa pasta in menù per qualche serata vegana, c'era sempre qualcuno che mi guardava con sospetto e dovevo continuamente spiegare che non si trattava di pesce, ma di una pasta napoletana il cui formato ricorda gli anelli di calamaro passati nella farina e poi fritti in padella. Io ho una vera passione per la calamarata, è una pasta fantastica, con una consistenza magnifica, perfetta con qualsiasi sugo. Si trova anche fresca nei supermercati e la cucino continuamente al pomodoro o con le verdure. È particolarmente gustosa con i fagioli, che si infilano dentro questi deliziosi anelli di pasta e che si sfarinano leggermente in cottura.

PER 4 PERSONE

400 g di pasta tipo calamarata

200 g di funghi misti

200 g di fagioli cannellini già cotti

1 mazzo di bietole da coste

100 g di pomodori pelati

1 piccola cipolla

1 spicchio di aglio

olio extravergine di oliva

sale e pepe

In una padella con 2- 3 cucchiai di olio, fate rosolare la cipolla tagliata a filetti e l'aglio intero.

Aggiungete le coste tagliate a pezzetti, salate e lasciatele appassire a fuoco dolce, girando ogni tanto.

Quando sono a metà cottura, aggiungete i funghi e poca acqua calda se necessario, quindi fateli andare coperti finché non sono teneri – 15 minuti in tutto – poi unite anche i fagioli.

Buttate dentro i pomodori schiacciati con la forchetta, regolate di sale e pepe, girate e cuocete per altri 10 minuti.

Scolate la calamarata al dente e fatela saltare nella padella con le verdure per qualche minuto, aggiungendo poca acqua di cottura se necessario, non deve risultare troppo asciutta.

La calamarata è ottima anche condita e poi passata in forno a gratinare.

ORECCHIETTE
ALLE CIME DI RAPA

Questo è uno degli esempi più saporiti di cucina regionale italiana, vegana per natura. Una pasta davvero particolare per la sua forma e dalla consistenza forte e rugosa tale da trattenere qualsiasi sugo, cotta insieme a una verdura dal gusto deciso. Le orecchiette sono l'emblema della cucina pugliese, l'accostamento con le cime di rapa è quello più classico, ma ci sono un'infinità di ricette, con il pomodoro e con le verdure più diverse. Per farle in casa, è necessario avere un po' di manualità: "strascinare" i pezzettini di pasta con la punta del coltello poi rivoltarli sul pollice è più facile a dirsi che a farsi... Oggi, per fortuna, si trovano facilmente ottime orecchiette fresche artigianali già pronte, anche fuori dalla Puglia.

PER 4 PERSONE

400 g di orecchiette fresche

800 g di cime di rapa

2 spicchi di aglio

peperoncino

olio extravergine di oliva

sale e pepe

Separate le cime di rapa dalle foglie e dai gambi.

Scottate in acqua salata solo le foglie e i gambi tagliati a pezzetti per pochi minuti, tirateli su e teneteli da parte.

In una padella con 2 cucchiai di olio fate rosolare gli spicchi di aglio schiacciati con il peperoncino frantumato, quindi aggiungete le verdure scottate.

Mettete sul fuoco una pentola di acqua salata e, quando bolle, buttate dentro le cime e le orecchiette.

Quando sono cotte, e le cime di rapa devono essere al dente, tiratele su con una schiumarola e passatele nella padella con il resto della verdura.

Fate saltare tutto per qualche minuto, aggiungendo sale, una macinata di pepe e poca acqua di cottura, se necessario, e servite.

Potete anche aggiungere, in ultimo, un filo d'olio extravergine a crudo.

GNOCCHI DI FARINA

Mio cognato aveva imparato a farli da suo padre che era triestino. Preparava sempre questi gnocchi nelle sere d'inverno, quando la famiglia si incontrava il fine settimana nella casa al mare. Conoscevo tutti da pochissimo e ricordo che stare con lui mentre cucinava mi aiutava a non sentirmi troppo a disagio. Qualche volta gli gnocchi erano un po' crudi, forse li faceva troppo grossi, ma conditi con la cipolla abbrustolita nel burro erano deliziosi, un vero conforto. Ho scoperto che ne esiste una versione senza uova, si chiamano "passerotti"; l'ho trovata nel libro di cucina triestina di Maria Stelvio pubblicato nel 1927 ad uso delle "novizie", le spose novelle. Recita una nota all'inizio del libro: «I grassi indicati in queste ricette sono a regola d'arte. Però, a seconda delle cucine regionali, si può sempre usare il grasso che più si preferisce». Come dire che abbiamo il permesso di rosolare la cipolla nell'olio d'oliva invece che nel burro.

Setacciate la farina in una terrina con un pizzico di sale e una grattata di noce moscata, poi aggiungete circa 300 ml di acqua bollente salata a poco a poco, sempre sbattendo con una frusta, fino a che non ottenete un impasto omogeneo ma molto appiccicoso.

Fate bollire dell'acqua in una pentola, salatela e poi buttateci dentro l'impasto a cucchiaiate piene solo per metà, bagnando ogni volta il cucchiaio perché non appiccichi.

Gli gnocchi dovrebbero essere cotti quando vengono a galla.

Tirateli su con la schiumarola e buttateli nella padella dove avrete fatto ben rosolare nell'olio la cipolla tritata insieme al rosmarino e al timo.

Fateli saltare qualche minuto, giusto perché si colorino un po' e assorbano l'aroma delle erbe. Servite con una bella macinata di pepe.

Insieme alla cipolla io non ci vedrei male anche qualche foglia di salvia intera, che si abbrustolisca ben bene.

PER 4 PERSONE

PER GLI GNOCCHI
300 g di farina
300 ml circa di acqua bollente
noce moscata
un pizzico di sale

PER IL CONDIMENTO
1 grossa cipolla
erbe aromatiche:
rosmarino e timo
olio extravergine di oliva
sale e pepe

CANNELLONI
CON LA TREVIGIANA

Il radicchio rosso di Treviso tardivo è il vanto della Marca trevigiana. La tecnica volta a ottenere questa verdura così saporita e croccante è, in verità, assai complicata. Fu messa a punto dal belga Francesco Van den Borre, il quale prese spunto dall'uso tradizionale veneto di "porre in bianco" in cassoni pieni di sabbia i cardi e il sedano per farli imbianchire. Il radicchio, legato a mazzi, viene messo per due settimane in vasche di acqua sorgiva corrente, perché si sviluppi il cuore di foglie rosse dallo stelo bianco carnoso: è questa la forzatura. Quindi passa nei cassoni di sabbia dove sta al buio, prende sempre di più quel bel colore rosso e si asciuga. Infine viene "tolettato", cioè ripulito dalle foglie marcite, per ricavare il cuore interno e pregiato. Tutto questo lavoro non è uno spreco perché il risultato è una verdura eccezionale.

PER 4 PERSONE

1 dose di pasta fresca
(vedi ricette di base)
oppure 300 g di cannelloni
di grano duro in scatola

4 cespi di radicchio rosso
di Treviso tardivo

1 cipolla di Tropea

1 dose di besciamella
(vedi ricette di base)

50 g di mandorle
e nocciole tostate

2 cucchiai di pangrattato

olio extravergine di oliva

sale e pepe

Stendete la pasta in una sfoglia di pochi millimetri di spessore, poi ritagliate dei rettangoli (almeno 16) di circa 10 x 15 cm.

Tagliate il radicchio a striscioline, poi fatelo appassire in poco olio, insieme alla cipolla tagliata a filetti, sale e pepe. Fatelo andare coperto finché non risulta tenero, quindi alzate il fuoco per fare evaporare completamente l'eventuale liquido presente.

Mescolate il radicchio, con un terzo della besciamella.

Mettete al centro di ogni rettangolo di pasta un bel po' di questo ripieno e arrotolatelo per formare i cannelloni, quindi allineateli con la chiusura rivolta verso il basso in una teglia da forno sporcata di besciamella sul fondo. Se invece usate i cannelloni già pronti, farciteli aiutandovi con un cucchiaino e proseguite allo stesso modo.

Frullate mandorle e nocciole insieme al pangrattato.

Coprite i cannelloni con la besciamella e spolverizzateli con il trito di mandorle e nocciole, infine passateli in forno a 200 °C a gratinare, per circa 20 minuti.

Provate a sostituire una parte del radicchio con la zucca gialla cotta a parte nello stesso modo.

TORTELLI
DI ERBE E PATATE

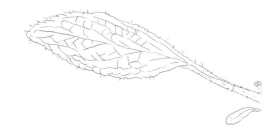

Quella che si tiene tutti gli anni a Luco di Mugello, per due fine settimana di giugno è, tra le tante che si susseguono in quella regione durante l'estate, la sagra del tortello più famosa. I tortelli di patate come li fanno in Mugello sono molto gustosi, perché il ripieno è insaporito con odori soffritti e qualche volta anche con il pomodoro. Mi ricordo sempre di una mia compagna, che si portava a scuola per merenda due fette di pane con in mezzo il ripieno avanzato dei tortelli che sua nonna aveva preparato la sera prima. Riuscivo sempre a convincerla a lasciarmene un boccone, era una vera squisitezza! Io ci ho messo dentro un po' di erbe di campo a far da contrasto e a mitigare un po' il gusto dell'aglio.

Bollite le patate, sbucciatele e riducetele in purè.

Scottate le erbe di campo, quindi strizzatele bene e tritatele grossolanamente.

In una padella con poco olio, fate dorare lo spicchio d'aglio insieme al prezzemolo tritato; eliminate l'aglio, aggiungete le erbe di campo e fatele andare qualche minuto perché si insaporiscano, quindi mescolatele alle patate e salate.

Stendete la pasta in una sfoglia di pochi millimetri, quindi ritagliate dei dischi di circa 6 cm di diametro; mettete al centro di ognuno un cucchiaino colmo di ripieno, poi ripiegatelo a mezzaluna e sigillate bene i bordi premendoli con il retro dei rebbi di una forchetta.

In una padella con 2 cucchiai di olio fate andare le foglie di salvia finché non sono un po' abbrustolite.

Cuocete i tortelli in abbondante acqua salata, tirateli su con una schiumarola e buttateli nella padella con la salvia.

Saltateli qualche minuto perché si insaporiscano, unite le mandorle tostate, girate bene e servite.

Un condimento classico e molto amato per questi tortelli è il sugo di funghi.

*300 g di pasta fresca
(vedi ricette di base)*

*200 g di erbe di campo,
come tarassaco e borragine*

600 g di patate bianche

un ciuffo di prezzemolo

1 spicchio di aglio

foglie di salvia

*50 g di mandorle
in scaglie tostate*

olio extravergine di oliva

sale

PER 4 PERSONE

GRAN BOLLITO
DI VERDURE

Un vassoio ben guarnito di verdure fresche, scelte bene e lessate a puntino è l'ideale come piatto forte di una tavola vegana. Le verdure bollite possono essere delle vere leccornie se cotte come si deve, oppure diventare insipide e fibrose se al contrario si fa passare il momento anche solo di qualche minuto. Ecco le semplici regole: dovete prepararle tutte separatamente, perché hanno tempi diversi di cottura; lessarle in abbondante acqua salata, per conservare i colori naturali; levarle dall'acqua ancora croccanti, perché continuano a cuocere finché non si raffreddano. Portate in tavola anche olio extravergine di oliva e sale grosso, sono sempre i condimenti migliori per il bollito.

PER 4 PERSONE

4 patate non troppo grandi
2 barbe rosse (barbabietole)
4 carote con il ciuffo
1 broccolo romano non troppo grande
1 sedano rapa, 1 piccolo cardo
1 cucchiaio di farina, limone

PER LA SALSA "GIALLA"
2 cucchiai di senape rustica
olio extravergine di oliva

PER LA SALSA "VERDE"
1 ciuffo di prezzemolo
1 cucchiaio di capperi
1 cucchiaio di olive senza nocciolo
½ spicchio di aglio
un pezzetto di peperone verde
olio extravergine di oliva
sale grosso e pepe

PER LA SALSA "ROSSA"
100 g di salsa di pomodoro
½ cipolla
aceto di vino bianco
zucchero di canna
un pizzico di paprica
1 cucchiaino di maizena
un pezzetto di peperoncino piccante
olio extravergine di oliva
sale e pepe

Cuocete ogni verdura intera, separatamente, in acqua bollente salata.

Per il cardo, dopo averlo sfilato per bene, mettete un cucchiaio di farina e un pezzo di limone nell'acqua di bollitura.

Il sedano rapa potete sbucciarlo una volta cotto, così anche le patate, ma sono più belli da presentare non sbucciati.

Per cuocere le barbe rosse più velocemente, lasciate attaccato un pezzo dei gambi delle foglie.

Sbattete con una frusta la senape insieme a 2 cucchiai di olio, finché non si crea un'emulsione, quindi passatela in un ciotolino.

Mettete nel frullatore tutti gli ingredienti per la salsa verde, sale e pepe, e fatelo andare aggiungendo l'olio a filo, finché non ottenete una bella salsa omogenea.

Mettete in un pentolino la salsa di pomodoro, la cipolla tritata, il peperoncino e la paprica, sale, pepe e poco olio; fatelo andare a fuoco alto finché non è ben ritirato, poi aggiungete zucchero e aceto e assaggiate per regolare l'agrodolce a vostro piacimento. Aggiungete la maizena sciolta in poca acqua per addensare la salsa, girate e levate dal fuoco.

Servite il bollito con le tre salse a parte.

Per una variante o un'ulteriore aggiunta, preparate anche una bella maionese, magari insaporita con erba cipollina sminuzzata.

POLPETTONE
DI VERDURE E LEGUMI

Devo per forza citare di nuovo l'Artusi, parlando di polpettone è quasi un obbligo. Dice il nostro Pellegrino: «Signor polpettone, venite avanti, non vi peritate; voglio presentare anche voi ai miei lettori. Lo so che siete modesto e umile perché, veduta la vostra origine vi sapete da meno di molti altri; ma fatevi coraggio e non dubitate che con qualche parola detta in vostro favore troverete qualcuno che vorrà assaggiarvi». Come dire che era una pietanza da poco. Invece, per me è il massimo della gola, così morbido e saporito, da tagliare a fette... Ci ho messo tanto sedano, come nelle polpette di sedano alla pratese.

PER 4 PERSONE

500 g di patate bianche lessate

200 g di ceci lessati

4 coste di sedano, 2 carote

½ cipolla di Tropea

1 spicchio di aglio

2 cucchiai di farina

50 g di pane raffermo grattugiato

1 cucchiaio di aghi di rosmarino tritati

noce moscata

pangrattato

olio extravergine di oliva

sale e pepe

PER LA SALSA DI CAPPERI

*200 g circa di maionese
(vedi ricette di base)*

1 cucchiaio di capperi dissalati

qualche pomodorino secco

PER LA SALSA ALLA PAPRICA

150 g di salsa di pomodoro

1 cucchiaino di paprica piccante (o dolce)

olio extravergine di oliva

sale

Tritate aglio e cipolla, tagliate a dadini la carota e il sedano; cuoceteli in una padella con poco olio finché non diventano teneri, poi regolate di sale.

Riducete in purea le patate insieme ai ceci, aggiungete le verdure cotte, la farina, il pane raffermo grattugiato, sale e pepe, una bella grattata di noce moscata e il rosmarino.

Formate il polpettone con le mani, rigiratelo nel pangrattato, quindi avvolgetelo prima in un foglio di carta forno leggermente oliato e poi in un foglio di alluminio.

Passatelo in forno a 180 °C per circa 35 minuti.

Tritate insieme capperi e pomodorini, quindi mescolateli alla maionese leggermente diluita con poca acqua.

Fate ritirare la salsa di pomodoro insieme a 1 cucchiaio di olio, la paprica e un pizzico di sale, quindi dategli un giro con il frullatore a immersione per emulsionarla.

Servite il polpettone a fette con le salse accanto.

Se vi torna meglio, potete rovesciare l'impasto in uno stampo da plum cake foderato di carta forno unta con olio e spolverata di pangrattato.

SFORMATO DI CARDI

Ho già parlato del cardo di Nizza Monferrato, che a un certo punto diventa gobbo, ma anche bianco, tenero e saporito. Questo cardo è la verdura "super star" della bagna cauda, una delle ricette più tipiche della cucina piemontese. Ma è ottimo anche infarinato e fritto, cotto in umido con il pomodoro, saltato in padella con l'aglio, addirittura grigliato. Qui vi presento lo sformato di gobbi alla piemontese, una delle ricette che amo di più. Anche con le modifiche necessarie per adattarlo alla nostra dieta, è davvero molto appetitoso.

Pulite i cardi, sfilateli e tagliateli a pezzetti di circa 8 cm, infine cuoceteli in acqua bollente salata con 1 cucchiaio di farina e il limone.

Tirateli su ancora croccanti, passateli nella farina e fateli rosolare in poco olio, finché non si forma una bella crosticina.

Macchiate leggermente di besciamella il fondo di una pirofila, quindi adagiatevi i cardi a strati; spolverateli di sale e pepe, poi copriteli di besciamella.

Date una spolverata di pangrattato e passate in forno a gratinare, per circa 25 minuti.

Il tartufo bianco di Alba sta benissimo con il cardo gobbo. Perciò se siete così fortunati da potervelo procurare, lasciatene cadere qualche fettina sullo sformato.

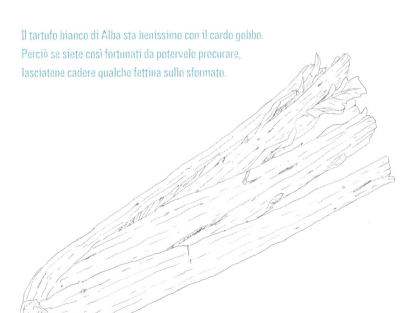

2 cardi gobbi

1 dose di besciamella
(vedi ricette di base)

farina

½ limone

2 cucchiai di pangrattato

olio extravergine di oliva

sale e pepe

PER 4 PERSONE

RADICCHIO
TREVIGIANO TARDIVO AL FORNO

È quello con le foglie lunghe di quel bel rosso intenso, così croccante al palato e dal gusto amarognolo; lo abbiamo già incontrato nella stagione precedente dentro a un piatto di fettucce. Il radicchio trevigiano tardivo è davvero ottimo sia cotto sia crudo in insalata, in ambedue i casi non ha bisogno che di un filo d'olio e una macinata di pepe per dare il meglio di sé. Provate anche a buttarlo sulla griglia, su un fuoco di brace: è perfetto per una grigliata mista.

PER 4 PERSONE

4 cespi di radicchio rosso di Treviso tardivo

olio extravergine di oliva

sale e pepe

Aprite a metà i cespi di radicchio, quindi sistemateli gli uni accanto agli altri in una teglia da forno leggermente unta.

Passate un filo d'olio extravergine di oliva, una spolverata di sale e una bella macinata di pepe, infine infornate a 180 °C finché il radicchio non è cotto ma ancora croccante e leggermente arrosticciato: ci vorranno circa 20 minuti.

Servitelo caldo, ma è ottimo anche appena tiepido, con ancora un filo d'olio a crudo e po' di pepe a piacere.

Qualche goccia di aceto balsamico tradizionale di Modena ci starà benissimo.

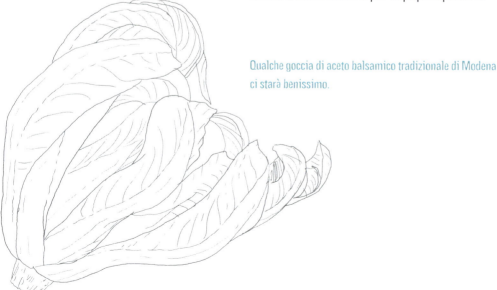

MONDEGHILI
NELLE VERZE

A Milano i mondeghili sono le polpette di avanzi di carne impanate e rosolate nel burro, che dal 2008 hanno ricevuto dal Comune una specie di bollino di autenticità: la Denominazione Comunale. Il termine mondeghili risale alla dominazione spagnola della città e deriva dalla parola *albóndiga*, che vuol dire polpetta, poi *albondeghito* per arrivare al milanesissimo mondeghilo. In alcune trattorie te li servono avvolti nella verza, facendo confusione con la ricetta milanese delle "polpett de verz", che comunque è squisita. Io ho avuto la fortuna di gustare questa versione in una trattoria molto tradizionale e quindi mi sento di sostenerne l'autenticità. Devo riconoscere che è un po' un gioco di sostituzioni, perché al posto della carne ho messo le patate. Però mi piacevano la storia e questa buffa parola, perciò dovrete assaggiare i miei mondeghili vegani.

Lessate le patate, sbucciatele poi schiacciatele ancora calde.

Mescolatevi l'aglio e il prezzemolo tritati, la scorza di limone, una grattata di noce moscata e la mollica di pane bagnata nel brodo e strizzata.

Impastate bene, quindi aggiungete 2 cucchiai di farina, sale e pepe e amalgamate.

Con le mani bagnate formate delle polpette ovali, giratele nel pangrattato poi avvolgetele via via nelle foglie di verza scottate qualche minuto in acqua bollente salata.

In una padella con poco olio fate appassire la cipolla tagliata a filetti, quindi adagiatevi gli involtini preparati, con la chiusura verso il basso.

Fateli andare muovendo la padella finché non hanno preso un bel colore, quindi sfumate con il vino (magari aggiungete anche due dita di acqua), poi abbassate un po' il fuoco e lasciate ritirare.

400 g di patate
8-10 foglie di verza
1 cipolla piccola
la mollica di 1 panino
brodo vegetale
(vedi ricette di base)
un ciuffo di prezzemolo
la scorza grattugiata
di 1 limone
½ spicchio di aglio
pangrattato
noce moscata
2 cucchiai di farina
½ bicchiere di vino bianco
olio extravergine di oliva
sale e pepe

PER 4 PERSONE

Questi mondeghili "taroccati" sono ottimi anche tiepidi. Se li preferite al sugo, aggiungete 2 cucchiai di salsa di pomodoro e poca acqua, dopo il vino.

SCAROLE 'MBUTTUNATE
OVVERO RIPIENE

La scarola "'mbuttunata", cioè imbottita, è un piatto tradizionale della tavola natalizia napoletana. La servono come contorno, ma è un ottimo secondo piatto, molto saporito e soddisfacente. Dovete usare la scarola piccola, quella più tenera. Qualcuno la scotta in acqua bollente salata, prima di riempirla, ma a me sembra un vero peccato perché si perde buona parte del gusto tipico di questa verdura. Mettendola direttamente in padella, la scarola si cuoce con il liquido che produce essa stessa garantendo così al piatto un sapore più intenso.

PER 4 PERSONE

4 piccole scarole

un pugno di olive senza nocciolo

100 g di pinoli

100 g di uvetta

2 spicchi di aglio

olio extravergine di oliva

sale e pepe

Mescolate i pinoli, l'uvetta ammollata, le olive spezzettate.
Imbottite le scarole con questo miscuglio tra foglia e foglia insieme a un pezzetto di aglio, sale, pepe e un filo d'olio.

Chiudetele con uno spago da cucina, quindi fatele andare in padella con poco olio, insieme a un altro spicchio d'aglio.

Fate cuocere le scarole per una decina di minuti, muovendo la padella ogni tanto e aggiungendo poca acqua calda, se necessario.

Le scarole 'mbuttunate sono ottime anche fredde.
Io, ogni tanto, aggiungo al ripieno anche mollica di pane raffermo grattugiata.

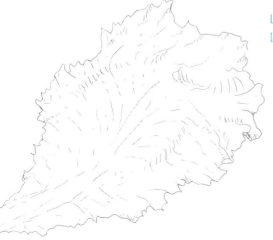

CARTOCCIO DI VERDURE

La cottura al cartoccio è un modo semplice e rapido di cucinare, che vi permette di sfruttare i vantaggi della cottura al forno e quelli del vapore che si genera naturalmente dalle verdure. In questo modo si conservano i sapori e i profumi caratteristici, anzi si concentrano e diventano più intensi. Non c'è una ricetta precisa per questo piatto; in qualsiasi stagione scegliete le verdure migliori, chiudetele nell'alluminio e buttatele in forno. Avrete sempre un piatto appetitoso, ma in parte dipenderà anche dagli aromi che aggiungerete. Le erbe aromatiche sono una grande risorsa, basta scegliere quelle giuste per dare carattere anche alle ricette più banali.

Stendete un foglio di alluminio sul fondo di una pirofila e ungetelo leggermente.

Disponetevi il cavolfiore tagliato a cimette piuttosto piccole, le carote a bastoncini, i finocchi e le patate a fette, i porri divisi in quattro nel senso della lunghezza con un po' della parte verde. Meglio fare un unico strato, la cottura sarà più veloce e uniforme.

Distribuitevi i pomodorini secchi ammollati brevemente nell'acqua calda e cospargete con le erbe aromatiche tritate, sale e pepe.

Irrorate le verdure con un filo d'olio e chiudete il cartoccio con un altro foglio di alluminio, rigirando bene i due bordi per sigillarlo.

Infornate a 180 °C per circa 30 minuti e portate in tavola il cartoccio ancora chiuso.

Potete anche preparare cartocci individuali.
È inutile dire che qualche pezzettino di peperoncino piccante ci starebbe molto bene.

1 piccolo cavolfiore
4 carote
2 finocchi
2 porri piccoli
2 patate
10 pomodorini secchi
salvia, rosmarino e maggiorana
olio extravergine di oliva
sale e pepe

PER 4 PERSONE

CARCIOFI RIPIENI ALLA MAGGIORANA

La pulizia del carciofo richiede tempo e perizia. Usate dei guanti per salvare le mani, perché altrimenti vi si scuriscono. Eliminate le foglie esterne, poi tagliate le punte, rifilate la base con un coltellino, dividete il carciofo in due per la lunghezza ed eliminate il "fieno" che potrebbe essere nel centro; oppure, se lo cucinate intero, allargate leggermente le foglie. Tuffatelo nell'acqua acidulata con il limone per non farlo annerire, ed è pronto. A me, però, hanno insegnato a pulirlo il meno possibile, per non sprecare nulla. Si buttavano via pochissime foglie e le punte non si tagliavano tutte con il coltello, ma si troncava letteralmente solo la punta spinosa. Mi ricordo che mangiavamo i carciofi foglia dopo foglia, facendo strisciare sui denti quelle più dure per raschiare via tutta la polpa e lasciare in fondo solo la parte che veramente era immangiabile e si poteva buttare.

PER 4 PERSONE

4 carciofi
100 g di mollica di pane raffermo grattugiato
un ciuffo di prezzemolo
un ciuffo di maggiorana
1 spicchio di aglio
olio extravergine di oliva
sale e pepe

Dopo averli puliti, allentate le foglie dei carciofi spingendole con delicatezza verso l'esterno, quindi salateli leggermente.

Mettete insieme la mollica di pane, gli odori e l'aglio tritati, un goccio d'olio, sale e pepe. Con questo miscuglio riempite i carciofi, tra foglia e foglia, quindi sistemateli ritti in una pentola in cui stiano abbastanza stretti.

Passate ancora un giro d'olio, sale e una macinata di pepe; aggiungete sul fondo due dita di acqua tiepida e fateli cuocere coperti a fuoco lento finché non sono teneri, per circa 30 minuti.

Per fare prima, potete tagliare i carciofi a metà e appoggiare al centro di ognuno un po' di miscuglio di pane e aromi.

STUFATO
DI PATATE E SELLARE

Ho controllato su tutti i miei libri e ho paura che questa sia forse l'unica ricetta della cucina regionale italiana denominata "stufato" che non comprenda anche la carne, ed è una specialità abruzzese. Si tratta di sedano, quello grosso e carnoso, cotto lentamente con le patate e pochissimo liquido. In una pentola ben coperta, meglio sarebbe di coccio, le verdure diventano tenere a poco a poco, sprigionando tutto il loro aroma. È un piatto povero, semplice ma squisito: un secondo perfetto. Io vado pazza per lo stufatino di verdure riscaldato il giorno dopo con un filo d'olio, devo confessare che mi piace anche freddo. Ebbene, non ho resistito: ho provato anche questo e, credetemi, se riuscite a non mangiarvelo tutto appena fatto, riscaldato il giorno dopo è anche meglio!

PER 4 PERSONE

800 g di patate
800 g di sedano
1 cipolla di Tropea
olio extravergine di oliva
un pezzetto di peperoncino
sale e pepe

Fate rosolare appena la cipolla affettata, in una pentola con poco olio di oliva.

Buttate dentro le patate sbucciate e tagliate a pezzi e i sedani ben sfilati e tagliati a pezzetti di 3-4 cm.

Fateli insaporire per qualche minuto muovendo la pentola di tanto in tanto, poi regolate di sale, aggiungete il peperoncino, una macinata di pepe e diluite con due dita di acqua tiepida.

Lasciate cuocere lo stufato coperto e a fuoco lento, finché le verdure non sono tenere, basterà una mezz'oretta.

Avrete capito che "sellare" è un termine dialettale che sta per sedano.

STRUCOLO DI CAVOLFIORE

La sfoglia sottilissima che avvolge le verdure è la stessa che in Alto Adige e in Trentino si usa per il più classico e dolce strudel di mele. Sembra che in qualche modo sia parente del baklava, il dolce di pasta fillo importato dai Turchi in Ungheria, e che da lì sia arrivato a Vienna e poi fino a noi, attraverso l'impero Austro-Ungarico. Perciò lo chiamo "strucolo", all'italiana, ben sapendo che vi farà pensare anche allo "strucolo in strassa" triestino, che invece è un rotolo di pasta di patate, ripieno di spinaci saltati e bollito avvolto in un tovagliolo: semplicemente sublime... Anche questo strucolo di cavolfiore è buonissimo ed è perfetto come secondo piatto.

Setacciate a fontana la farina con il sale e impastatela con l'acqua
mescolata all'olio, fino ad ottenere un una pasta omogenea.
Lavoratela con energia sbattendola ogni tanto sul piano di lavoro infarinato,
quindi rinvoltatela in un telo di cotone e lasciatela riposare un'oretta,
sotto una pentola riscaldata.

Intanto dividete il cavolfiore a cimette e fatelo saltare in padella con poco olio,
aglio e rosmarino; regolate di sale e pepe e lasciatelo cuocere coperto.

Tostate il pangrattato in un padellino con un filo d'olio.

Coprite il piano di lavoro con un grande telo di cotone ben infarinato.
Appoggiatevi la pasta e stendetela inizialmente con il matterello;
fate poi scorrere sotto la pasta le mani infarinate e chiuse a pugno,
e cominciate ad allargarla tirando dal centro verso l'esterno
con delicatezza, fino ad ottenere una sfoglia sottilissima.

Ungete la sfoglia con l'olio, spolverate di pangrattato la metà più vicina
a voi, quindi distribuitevi il cavolfiore e un altro po' di pangrattato.
Aiutandovi con il telo arrotolate la sfoglia su se stessa e sigillate bene i bordi.

Con un pennello, ungete lo strucolo di olio di oliva;
fatelo scivolare su una teglia foderata di carta forno
e infornatelo a 180 °C, fin quando non ha preso un bel colore biscottato:
ci vorranno circa 40 minuti.

PER LA SFOGLIA
250 g di farina
100 ml di acqua tiepida
2 cucchiai di olio
extravergine di oliva
un pizzico di sale

PER IL RIPIENO
1 piccolo cavolfiore
1 spicchio di aglio
un rametto di rosmarino
2 cucchiai di pangrattato
olio extravergine di oliva
sale e pepe

PER 4 PERSONE

Lasciatelo raffreddare leggermente prima di tagliarlo a fette, altrimenti la pasta si rompe.

ZUPPA INGLESE

Mia madre la faceva sempre e io davvero non la sopportavo per via di quel gusto alcolico, colpa di tutti gli avanzi dei liquori che usava per bagnare il pan di Spagna. In realtà in pochi usavano l'Alchermes, molte signore facevano come mia madre e ne approfittavano per svuotare le bottiglie. Ma quel bel colore rosso, che traspare dal vetro delle coppe, e il gusto delle spezie e degli aromi che sono il segreto della ricetta originale dell'Alchermes – elaborata dai monaci fiorentini di Santa Maria Novella – sono indispensabili per una zuppa inglese che si rispetti. E anche la crema è importante (quella sì che mi piaceva), che sappia di limone e sia leggera.

PER 8 PERSONE

1 pan di Spagna
(vedi ricette di base)

1 dose di crema pasticcera
(vedi ricette di base)

200 g di panna vegetale
da montare

50 g di zucchero a velo

150 g di cioccolato fondente
in scaglie

liquore Alchermes

Prima di tutto prendete una bella coppa di vetro dove comporre il dolce, in modo che si vedano gli strati di colori diversi.

Tagliate il pan di Spagna a strisce alte un dito, quindi componete il primo strato nella coppa, dopo averne sporcato il fondo con un po' di crema.

Mescolate Alchermes e acqua in parti uguali e, con un pennello da cucina, bagnate generosamente il pan di Spagna.

Fate un bello strato di crema e cospargetela di scaglie di cioccolato. Continuate così, alternando gli ingredienti, fino ad arrivare al bordo della coppa.

Finite il dolce con uno strato di panna vegetale montata con poco zucchero a velo e decorate con scaglie di cioccolato.

Per avere una bagna per il pan di Spagna meno dolce, aggiungete qualche cucchiaio di un buon rum agricole. Nella stagione delle fragole, potete aggiungerle tra uno strato e l'altro per arricchire il dolce, come nei truffle inglesi.

FRITTO DI MELE

E non frittelle! Perché, a voler essere precisi, la frittella è una specie di pasticcetto, un impasto di farina e frutta o altro; mentre queste mele sono tagliate a fette e tuffate nella pastella una per una, come ogni fritto che si rispetti. La pastella è la cosa più importante: deve essere leggera e profumata, deve gonfiarsi leggermente in frittura e non assorbire l'olio. Quindi friggete pochi pezzi per volta in olio abbondante e occhio al punto di fumo, oltre il quale l'olio non sarà più utilizzabile. Io inizio la frittura quando l'olio comincia a fremere, oppure butto dentro un pochino di pastella e se ritorna subito a galla e "sfrìgolia", l'olio è pronto.

Stemperate la farina setacciata con l'acqua frizzante, insieme a 1 cucchiaio scarso di zucchero e al sale; aggiungete l'olio e la scorza di limone, quindi sbattete fino ad ottenere una pastella liscia e abbastanza corposa. Copritela con una pellicola e lasciatela riposare in frigo per circa un'ora.

Sbucciate le mele, eliminate i torsoli e tagliatele a fette alte circa 1 cm, poi bagnatele con il succo di limone altrimenti anneriscono.

Mettete sul fuoco una padella non troppo grande, con abbondante olio per friggere.

Tuffate le mele nella pastella, poi friggetele poche per volta nell'olio caldo, finché non prendono un bel colore dorato.

Tiratele su con un ragno e mettetele a scolare l'olio in eccesso su carta da cucina.

Servitele caldissime, spolverate di zucchero.

Qualche volta le servo con un buon gelato di crema.
Provate anche a mettere un pizzico di cannella nella pastella, ci sta benissimo.

3 mele renette
(o golden delicius)

200 g di farina

200 ml circa
di acqua frizzante

zucchero

un pizzico di sale

la scorza grattugiata
e il succo di 1 limone

1 cucchiaio di olio
extravergine di oliva

olio di arachidi per friggere

PER 8 PERSONE

TORTA CAPRESE

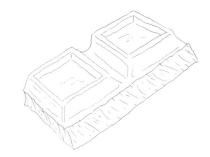

La stessa vecchia storia di tante altre specialità nate per caso dalla sbadataggine di un cuoco. La tradizione vuole che questa mitica torta al cioccolato sia stata inventata a Capri negli anni Venti del secolo scorso dal cuoco Carmine Di Fiore, che scordò di mettere la farina in un dolce che stava preparando nientemeno che per tre scagnozzi di Al Capone. Comunque sia andata, questa torta è davvero speciale, perché è morbida dentro e deliziosamente croccante fuori. La preparo spesso per i miei, variando qualche volta gli ingredienti e le dosi, e il risultato è sempre eccezionale. Dovendo eliminare le uova, ho inserito la maizena per legare e un po' di lievito per sostituire le chiare montate a neve.

PER 4 PERSONE

200 g di mandorle pelate
80 g di zucchero
200 g di cioccolato fondente
4 cucchiai di latte di mandorle
100 g di margarina vegetale
1 cucchiaio di maizena
1 cucchiaino di lievito

Frullate le mandorle insieme allo zucchero, fino a ottenere un trito grossolano.

Con un coltello da cucina, riducete il cioccolato in scaglie, quindi passatelo in un bagnomaria caldo insieme alla margarina e al latte di mandorle e scioglietelo, avendo cura di non far mai bollire l'acqua: il vapore lo renderebbe granuloso.

Aggiungete il trito di mandorle e zucchero, la maizena, il lievito per ultimo e girate quel tanto che basta per amalgamare gli ingredienti.

Rovesciate l'impasto in una tortiera di 24 cm di diametro, leggermente unta e spolverizzata di farina, quindi passatelo in forno già caldo a 180 °C, finché non si forma una crosticina leggera in superficie, per circa 45 minuti.

Fate freddare la torta prima di sformarla.

Qualche volta metto le nocciole al posto delle mandorle.
Potete anche dare una bella spolverata di zucchero a velo prima di servirla.

FIORENTINE DI MANDORLE

Il nome può indurre in errore, questi croccantini di mandorle in realtà non sono fiorentini per niente, anzi sembra che siano tra i dolci natalizi tirolesi o, addirittura, che non siano neppure italiani. Ci tengo molto a inserirli nel ricettario comunque, perché sono un esempio di pasticceria classica, anche raffinata, che richiede un minimo di capacità tecnica e di attenzione e tuttavia sono molto facili da preparare. Con le fiorentine si imparano molte tecniche: si impara a caramellare lo zucchero, a sciogliere il cioccolato e a fare anche un minimo di decorazione.

In una pentola dal fondo pesante mescolate lo zucchero, la panna e la margarina. Fateli bollire per 5 minuti, finché lo zucchero non è completamente sciolto.

Levate dal fuoco e aggiungete le mandorle in scaglie e le scorze di arancia tritate.

Rovesciate il composto su un foglio di carta forno e stendetelo in uno strato di pochi millimetri. Una volta solido, dividetelo in quadratini di circa 4 cm di lato, intaccandolo con una spatola.

Sistemate i quadratini in stampi di silicone per biscotti tondi e passateli in forno a 170 °C finché non sono ben dorati e si saranno allargati nello stampo: ci vorranno circa 15 minuti.

Sformate le fiorentine quando sono fredde, quindi spalmatene il fondo con il cioccolato sciolto a bagnomaria e lasciatele seccare capovolte.

Spalmate un secondo strato di cioccolato, infine create un decoro a onde passando sul cioccolato ancora fresco con i rebbi di una forchetta e fate seccare nuovamente.

200 g di zucchero
80 g di panna vegetale
da montare
100 g di margarina vegetale
qualche scorza
di arancia candita
200 g di mandorle
in scaglie tostate
200 g cioccolato fondente
da copertura

PER 4 PERSONE

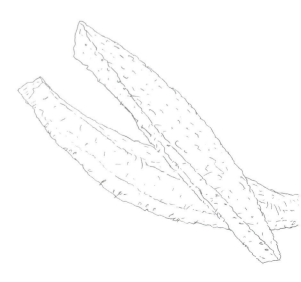

Riducete il cioccolato in scaglie con un coltello prima di scioglierlo a bagnomaria.
Il cioccolato da copertura ha un alto contenuto di burro di cacao
che lo rende brillante e facile da sciogliere.

FROLLA DI PERE

La chiamo frolla impropriamente, non essendoci i tuorli d'uovo: questo impasto è in realtà una pasta brisée fatta con margarina di semi di girasole al posto del burro. È molto friabile e, se non ci si mette lo zucchero, si usa anche per sformati e torte salate. Come la pasta frolla, anche la brisée non deve assolutamente "scaldarsi" quando la lavorate; quindi impastatela velocemente con i polpastrelli e usate acqua davvero ghiaccia per legare il sablé di margarina e farina. Ho sviluppato un'insana passione per il pepe sulla frutta cotta. Secondo me anche qui sta benissimo, ma potete ometterlo se vi sembra troppo esotico: la frolla di pere sarà fantastica comunque.

PER 4 PERSONE

1 dose di pasta brisée
(vedi ricette di base)

3 pere kaiser (o conferenza)

scorza grattugiata di arancia

2 cucchiai di zucchero di canna

pepe (facoltativo)

Impastate la brisée, avvolgetela in una pellicola e lasciatela riposare in frigo per almeno un'ora.

Intanto dividete le pere a metà per la lunghezza senza sbucciarle, quindi tagliatele a fettine sottilissime; sarà più facile se appoggiate la pera sul piano di lavoro e la tenete ferma ai due lati tra pollice e indice, in modo che le fette rimangano unite mentre tagliate.

Stendete la brisée in uno stampo da crostata (quello che ho usato io è di 35 x 12 cm, con il fondo amovibile), quindi pizzicate il bordo della pasta con le dita per creare una sorta di decoro e bucatene il fondo con i rebbi di una forchetta.

Disponete le fettine di pera sul fondo della torta, appoggiandole leggermente sovrapposte, quasi a formare un disegno a ventaglio.

Spolverizzate con lo zucchero di canna e un po' di scorza di arancia grattugiata. Finite con una grattata di pepe (se vi piace) e infornate a 180 °C, finché le pere non hanno preso un bel colore caramellato, per circa 35 minuti.

Qualche volta, nella pasta brisée sostituisco 50 g di farina con la stessa quantità di mandorle macinate finemente.

INDICE PER INGREDIENTI PRINCIPALI

INDICE GENERALE DELLE RICETTE

Le ricette contrassegnate dal simbolo [f] sono accompagnate da una foto.

L'autrice ringrazia per aver fornito parte dei materiali
e degli arredi per i set fotografici:

Arti Meccaniche di Simone Innocenti

Ceramiche Virginia, Montespertoli (FI)
www.virginiacasa.it

Pasquinucci, articoli regalo per la casa, Firenze
pasquinucci.firenze@gmail.com

Vulcania industria ceramica, Colle Val D'Elsa (SI)
www.vulcaniaceramiche.it

e inoltre ringrazia per la cortese collaborazione:
Pietro Rinaldi, frutta e verdura, Firenze